Ayerle | Wandern. 100 Seiten

* Reclam 100 Seiten *

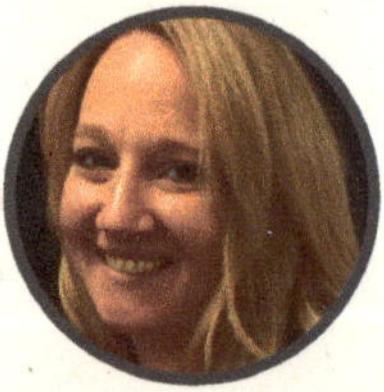

NINA AYERLE, geb. 1982, ist Redakteurin für Wissenschaft und Gesellschaft bei der *Stuttgarter Zeitung*.

Nina Ayerle

Wandern. 100 Seiten

RECLAM

Für Opa Conny

2022 Philipp Reclam jun. Verlag GmbH,
Siemensstraße 32, 71254 Ditzingen
Umschlaggestaltung: Phillip Reclam jun. Verlag GmbH nach einem Konzept von zero-media.net
Infografiken (S. 52 f., 94 f.): annodare GmbH, Agentur für Marketing
Bildnachweis: S. 3: Nina Ayerle; S. 6: Bundesarchiv Bild 183-1990-1210-001 / CC-BY_SA 3.0 / Foto: Ralph Hirschberger; S. 9: Bundesarchiv Bild 183-R24553 / CC-BY_SA 3.0 / Foto: Scherl Bilderdienst; S. 17: CC-BY_SA 3.0 / Dr. A. Hugentobler; S. 21: CC-BY_SA 4.0 / Shah134pk; S. 26: CC-BY_SA 2.5 / Manfred Zentgraf; S. 57: tz.de; S. 69: bpk / National Portrait Gallery, London; S, 81: Keystone / Martin-Hesse-Erben / Martin Hesse; S. 90: DAV; Autorinnenfoto: © Nina Ayerle.
Umschlagmaterial: Creative Print, Schabert
Druck und Bindung: Esser printSolutions GmbH,
Untere Sonnenstraße 5, 84030 Ergolding
Printed in Germany 2024
RECLAM ist eine eingetragene Marke
der Philipp Reclam jun. GmbH & Co. KG, Stuttgart
ISBN 978-3-15-020588-4

Auch als E-Book erhältlich

www.reclam.de

Für mehr Informationen zur 100-Seiten-Reihe:
www.reclam.de/100Seiten

Inhalt

Die Liebe zum Wandern

Zugegeben, ich bin nicht als passionierte Wandrerin auf die Welt gekommen. Das ist vermutlich auch schwierig, wenn man einen Großvater hat, der mit größter Leidenschaft gefühlt jeden zweiten Berggipfel Europas erklommen hat, keine konditionellen Schwächen kannte und zudem der Überzeugung war, dass seine Enkel diese grenzenlose Bergliebe ebenfalls schon in früher Kindheit spüren sollten – auch ohne vergleichbare Ausdauer.

Nun erschienen mir als Kind selbst kleinere Berge – für passionierte Bergsteiger eher Anhöhen – wie der Hohenstaufen oder der Rechberg in meiner Heimatregion um Göppingen schon unbezwingbar. In meinen kleinen, grünen Halbschuhen – definitiv nicht das richtige Schuhwerk zum Wandern – trödelte ich gewöhnlich hinter der familiären Wandergruppe hinterher und fing irgendwann an, alle mit Sätzen wie »Wie lange muss ich noch laufen?« oder »Ich hab' Hunger!« zu nerven. Antworten wie »Vesper gibt's auf dem Gipfel!« haben nicht unbedingt dazu beigetragen, meine Begeisterung für lange Fußmärsche zu wecken.

Dabei habe ich als Landkind die Natur schon immer geliebt. Mit meinen Geschwistern habe ich stundenlang Staudämme an Bächen oder Häuser aus Moos in südfranzösischen Pinienwäldern gebaut. Aber langes Gehen war mir verhasst – obwohl ich schon mit sieben Jahren mit Leistungssport angefangen hatte und meine Freizeit aus Tischtennis, Volleyball und Leichtathletik bestand. Sport und Bewegung habe ich als Kind geliebt – aber am liebsten eben mit Bällen und wenn es ums Gewinnen ging. Beim Wandern gibt es nichts zu gewinnen! Das dachte ich zumindest als Kind. ›Wanderlust‹, eines der Wörter, die die englische Sprache aus dem Deutschen entlehnt hat, war mir fremd. Umherzugehen ohne richtiges Ziel erschien mir sinnlos – und damit langweilig.

Das ist lange so geblieben. Bei einem Zwischenstopp in Innsbruck während meines Studiums kamen mir die hohen Berge der österreichischen Alpen bedrückend vor. Ich vermisste die Weite des Meeres und war froh, als ich irgendwann an der italienischen Adriaküste angekommen war. Die Liebe zum Wandern und den Bergen entdeckte ich erst, ganz klischeehaft, als ich mich nach den ersten Berufsjahren als Journalistin und stets gestresste Großstädterin nach Ruhe und Abgeschiedenheit sehnte – die ich auf einer Bergtour in den Dolomiten während eines Urlaubs mit Studienfreunden fand.

Als ungeübte Wandrerinnen wollten meine beste Freundin und ich eigentlich schon nach ein paar Höhenmetern in der Mittagshitze aufgeben. Weitergelaufen sind wir nur aus Gruppenzwang und um uns nicht lächerlich zu machen. Als wir nach drei Stunden an der Gipfelhütte knapp 2000 Meter über dem Meeresspiegel angekommen waren, spürte ich nicht nur die unendliche Erleichterung, es geschafft zu haben, sondern auch das, was Jogger nach mehreren Kilometern fühlen: das sogenannte Runner's High. Ein Glücksgefühl aus dem Nichts – das sogar noch mehrere Tage anhielt. Es kam nicht nur wegen

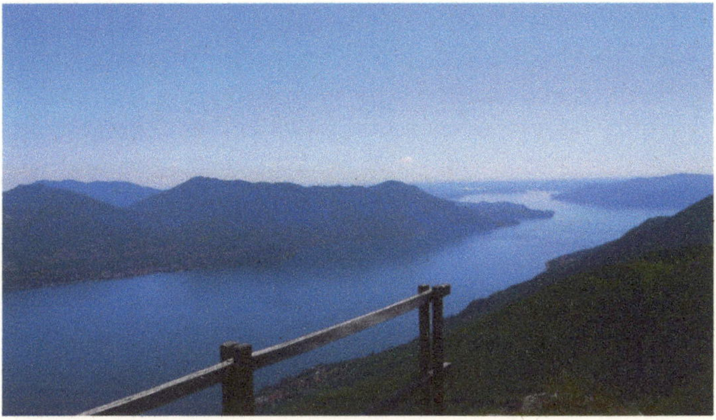

Blick auf den Lago Maggiore oberhalb von Cannero Riviera.

des langen Laufens an der frischen Luft; die Berge machten mich auf einmal glücklich.

Je höher man steigt, desto einsamer wird es um einen herum. Man ist nur noch mit sich, vielleicht noch mit seiner Wandergruppe und den Bergen. Und das, was mir in den Jahren zuvor noch beklemmend erschien, empfand ich auf einmal als Freiheit. Ein Gefühl von Freiheit, das süchtig macht. Diese Meinung teilte übrigens schon die Schriftstellerin Elisabeth von Arnim (1866–1941): »Wandern ist die vollkommenste Art der Fortbewegung, wenn man das wahre Leben entdecken will. Es ist der Weg in die Freiheit.«

Es gibt viele Arten, zu Fuß unterwegs zu sein, auf die ich im Einzelnen eingehen werde. Wo ist der Unterschied zwischen Wandern und Spazierengehen? Was unterscheidet den Flaneur von einem Wanderer? Ob man nun spazieren geht oder schon wandert, hängt auch von dem eigenen Sprachgebrauch ab. Umgangssprachlich bedeutet ›laufen gehen‹ zum Beispiel eher joggen. Mit einem Spaziergang verbinden wir meist eine gemütliche kleine Runde, die nicht anstrengend ist. Die Sportwissenschaft wiederum zieht bei ihrer Definition vom Wandern auch das Tempo heran: Sie verbindet mit Wandern eine Mindestgeschwindigkeit von etwa sechs Kilometern pro Stunde.

Wandern ist auf jeden Fall ein idealer Ausdauersport. Ab wann jemand seine Aktivität nun als Wandern statt lediglich als Spazierengehen definiert, ist sicher individuell und hängt auch von der eigenen Fitness ab. Für den einen reicht bereits eine Stunde in der Natur oder im Wald, um sich als Wanderer zu fühlen; der geübte und ausdauernde Wanderer geht drei bis vier Stunden am Stück oder sogar länger. Andere verbinden Wandern mit den Bergen und bezeichnen alles, was im Flachland stattfindet, lieber als Spazierengehen.

Für diejenigen, die nicht so gerne Ausdauersport betreiben, weil es ihnen zu anstrengend ist, gibt es übrigens gute Nachrichten: Für unseren Körper macht es keinen Unterschied, ob wir joggen oder nur gehen. Das haben die beiden US-Forscher Paul T. Williams und Paul D. Thompson im Jahr 2013 belegt. In ihrer Studie »Walking versus Running for Hypertension, Cholesterol, and Diabetes Mellitus Risk Reduction« werteten sie die Daten von rund 30 000 Joggern und etwa 16 000 Gehern aus. Sie kamen zu dem Ergebnis, dass es für unsere Gesundheit keine Rolle spielt, ob wir gehen oder joggen, es sei vielmehr entscheidend, wie viel Energie wir verbrauchen. Allerdings müssen wir beim Gehen natürlich länger unterwegs sein als beim Joggen, um denselben Kalorienverbrauch zu erzielen.

Ob wir nun wandern oder spazieren, es gilt auf jeden Fall eines: Es ist gesund. Wer sich viel bewegt, tut nicht nur etwas für seinen Körper, sondern auch für seine Psyche.

Die Ursprünge des Wanderns

Wandern kann man natürlich nicht nur in den Bergen, sondern auch im Wald oder sogar in der Stadt. Aber was ist genau eigentlich Wandern? Im Duden steht: »ohne ein Ziel anzusteuern, gemächlich gehen«. Unsere Vorfahren kannten daher das, was wir heute als Wandern bezeichnen, gar nicht. In der Steinzeit sind die Menschen durchaus mit Tierfellen bekleidet durch die Gegend gezogen, aber sie waren unterwegs, um zu jagen – ja, um zu überleben.

Wandern – also Kilometer um Kilometer zu laufen aus purer Freude an der Bewegung – war anfangs nicht das Ziel der Menschen. Vielmehr legten sie große Distanzen zu Fuß zurück, weil es zunächst keine anderen Verkehrsmittel gab. Mit der Zeit wurden andere Fortbewegungsmittel erfunden wie zum Beispiel Pferdekutschen, die sich aber längst nicht jeder leisten konnte, ab dem 19. Jahrhundert die Eisenbahn sowie später Autos, Fahrräder und Flugzeuge. Arme Menschen, aber auch Handwerker und Händler, waren über Jahrtausende vornehmlich zu Fuß unterwegs.

Im Mittelalter wanderten vor allem Angehörige dieser beiden Berufsgruppen, die meisten anderen Menschen führten kein sonderlich mobiles Leben, sondern verbrachten in der Regel ihr Leben am selben Ort. Die Händler zogen von Siedlung

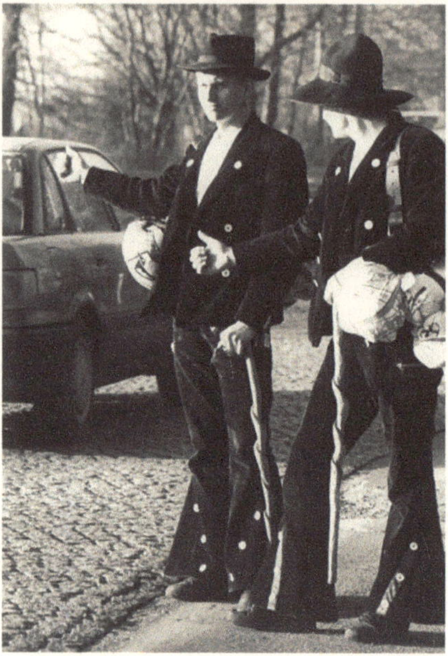

Bis heute gehen Zimmerleute auf die Walz, die seit 2015 zum immateriellen Kulturerbe der UNESCO zählt. Das Foto zeigt zwei reisende Handwerker in Erfurt 1990.

zu Siedlung, um ihre Waren zu verkaufen und neue zu beschaffen. Handwerker wiederum sollten bei ihren obligatorischen Gesellenwanderungen Land und Leute kennenlernen, sich neue Techniken aneignen und vor allem Erfahrungen sammeln. Walz oder Wanderjahre nannte man diese Zeit der Wanderschaft zukünftiger Gesellen nach dem Abschluss ihrer Lehrjahre. Etwa vom Spätmittelalter bis zur beginnenden Industrialisierung waren diese Jahre Voraussetzung für die Meisterprüfung. Heute noch sind Zimmerleute, erkennbar an ihren schwarzen Cordschlaghosen, nach ihrer Ausbildung häufig einige Jahre unterwegs. Ein Handwerker, der sich auf dieser traditionellen Wanderschaft befindet, wird als ›Fremdgeschriebener‹ oder schlicht ›Fremder‹ bezeichnet.

Mobilität war im Mittelalter bestimmten Berufsgruppen vorbehalten. Doch auch fliegende Händler und Spielleute mussten in der Regel ohne Fahrzeuge auskommen, also zu Fuß unterwegs sein. Letztere waren oft für Unterhaltung am Hofe zuständig, verbreiteten aber auch Neuigkeiten. In gehobenen Kreisen gab es zudem die sogenannten Scholare. Das waren Gelehrte, die mit einer ausgewählten Gruppe von Studenten von Universität zu Universität wanderten, um ihren geistigen Horizont zu erweitern.

Wenn überhaupt, waren die Menschen also unterwegs, weil sie unterwegs sein mussten. Wandern als pure Freizeitbeschäftigung gab es damals noch nicht. Der italienische Dichter Francesco Petrarca (1304–1374) sowie sein Bruder Gherardo gelten in der Geschichte als die Begründer des Wanderns. Sie bestiegen im Jahr 1336 den Mont Ventoux und erreichten eine Höhe von 1900 Metern. Seine Erlebnisse schilderte Petrarca in einem Brief, der unter dem Titel »Die Besteigung des Mont Ventoux« berühmt wurde.

Petrarca wird nachgesagt, als Erster einen Berg aus purer Neugierde erklommen zu haben. Er wollte die Welt von oben betrachten. Das Bedürfnis, die Welt zu erkunden, kam in der Zeit der Renaissance auf. Man wanderte also nicht mehr ausschließlich aus Notwendigkeit, sondern immer mehr Wanderer waren auf einmal von Entdeckergeist getrieben.

Erst in der Epoche der Romantik (etwa 1795–1848) entstand allerdings das Wandern in der Form, wie wir es heute kennen. Wandern, um die Landschaft, die Luft und die Einsamkeit der Natur zu genießen und zu Fuß gehend zu sich selbst zu finden, wurde erstmals ein Mittel, um dem Alltag zu entfliehen und

Verbundenheit mit der Natur zu spüren – ein Bedürfnis, das typisch war für diese Epoche. Wandern hatte damit plötzlich einen ganz neuen Charakter. Es wurde zum Gehen um des Gehens willen – ohne Ziel.

1895 gründete sich in Wien die Bewegung der Naturfreunde. Sie öffnete das Freizeitwandern für die proletarische Schicht. Die Naturfreunde hatten eine starke sozialistische Prägung, sie wollten das Wandern jedem ermöglichen. Sie errichteten flächendeckend Naturfreundehäuser, in denen Wanderer billig übernachten und Urlaub machen konnten. Seit ihrer Gründung haben sie mehr als 700 solcher Naturfreundehäuser errichtet, in Deutschland existieren etwa 400. Auch heute noch sind die Naturfreunde Deutschlands laut ihrer Vereinssatzung ein sozial-ökologischer und gesellschaftspolitisch aktiver Verband, der sich für Umweltschutz, sanften Tourismus sowie Sport und Kultur einsetzt. Mehr als 66 000 Mitglieder engagieren sich in 550 Ortsgruppen für Nachhaltigkeit und die Umwelt. Weltweit sind rund 350 000 Naturfreunde im Einsatz. Die Naturfreunde haben ebenso wie die Wander- und Alpenvereine das Wandern in die breite Bevölkerung getragen.

Richtig populär wurde das Wandern, nachdem der Berliner Student Hermann Hoffmann-Fölkersamb (1875–1955) 1896 eine Wandergruppe für Jugendliche gegründet hatte, mit denen er Ausflüge in die nähere Umgebung unternahm. Das war für die damalige Zeit ein Novum, denn eigentlich hatten Jugendliche aus der Bürgerschicht im wilhelminischen Kaiserreich kein eigenes Freizeitprogramm. Sie blieben in der Familie, gemeinsame Ausflüge mit Freunden etwa kannten Schüler damals nicht, und Mädchen erst recht nicht.

Zur Wandergruppe von Hoffmann-Fölkersamb gehörten daher zunächst nur Jungen. Der Jurist und Diplomat gilt als

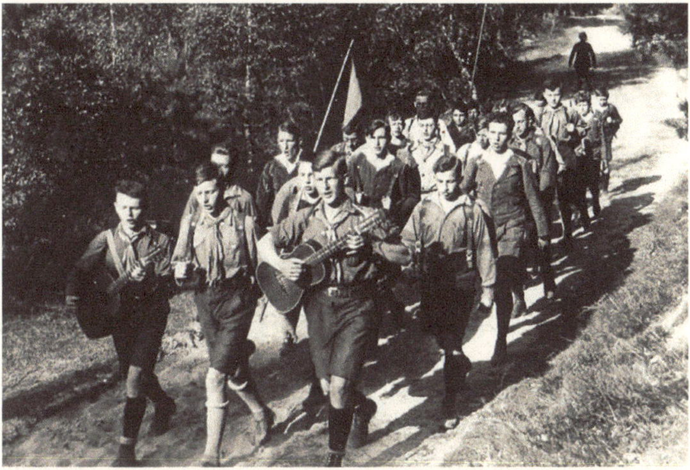

Eine Gruppe des Steglitzer Wandervogels aus Berlin auf großer Fahrt, um 1930.

Begründer der legendären Wandervogel-Bewegung. Sein Nachfolger Karl Fischer gründete 1901 den Verein »Wandervogel – Ausschuss für Schülerfahrten«, der bald in anderen Städten Nachahmer fand.

Das Wandern wurde damit erstmals politisch: Es war auch ein Mittel, um sich vom Elternhaus zu emanzipieren, um Freiheit zu erlangen und eigene Wege zu gehen. Die jungen Wanderer kleideten sich bewusst leger und schliefen in Zelten unter freiem Himmel. Es ging ihnen aber nicht nur um das Naturerlebnis, die Wandervögel waren auch eine Protestbewegung. Wandern, Natur und Volksmusik kultivierten sie als Gegenprogramm zur Enge des deutschen Kaiserreichs. Innerhalb kürzester Zeit hatte der Verein rund 40 000 Mitglieder. Im

Jahr 1907 entstanden erstmals eigene Wandergruppen für Mädchen – die damit ein kleines Stück Freiheit im Alltag erlangten. Wandern wurde erstmals ein Volkssport.

Zuvor hatte es in Deutschland eher einen nationalistisch-völkischen Hintergrund gehabt, maßgeblich geprägt und beeinflusst von Friedrich Ludwig Jahn (1778–1852) und seinen Turnern. Für ihn gehörte das Wandern zum »deutschen Volkscharakter« und war somit eine Methode, um das deutsche Nationalgefühl zu wecken. Aus Jahns Sicht seien »vaterländische Wanderungen« notwendig, weil sie zwar den Blick des Menschen erweiterten, aber ihn dabei dem Vaterland nicht entfremdeten. Darin begründet liegt die deutsche Wanderideologie, die dann später in Turnerschaften und Vereinen intensiv gepflegt wurde und zum deutschen Selbstverständnis beitrug. Vielleicht hatte das Wandern deshalb jahrzehntelang nach dem Ende des Zweiten Weltkriegs ein eher konservativ-spießiges Image. Zu nah schien es an den einst gepriesenen »deutschen Tugenden«, die nach dem Krieg zu Recht in Verruf geraten waren.

Inspiration fand die Wandervogel-Bewegung vor allem bei Autoren wie Hermann Hesse (1877–1962) oder Rainer Maria Rilke (1875–1926). Hesse schrieb in seinem Buch *Wanderung: Aufzeichnungen*:

> Ich neige dazu, aus dem Rucksack zu leben und Fransen an den Hosen zu haben. Lange hat es gedauert, bis ich wußte […], daß ich Nomade bin und nicht Bauer, Sucher und nicht Bewahrer. […] Der Wanderer ist in vielen Hinsichten ein primitiver Mensch, so wie der Nomade primitiver ist als der Bauer. Die Überwindung der Seßhaftigkeit aber und die Verachtung der Grenzen machen Leute meines Schlages trotzdem zu Wegweisern der Zukunft.

Schon im 19. Jahrhundert hatte die Zahl der Wanderungen allmählich zugenommen, vor allem die der Bergwanderungen. Damit war die Motivation für Touren erstmals auch eine sportliche: Es entstand das Bedürfnis, Gipfel zu erklimmen, sich mit der erhabenen Natur zu messen und diese zu bezwingen. Ungefähr in diesem Zeitraum entstand der Wandertourismus in den Alpen. Wandern war nun sowohl eine Form der Erholung als auch sportliche Betätigung. Einer der Auslöser war die industrielle Revolution – seit immer mehr Arbeiter von der Landwirtschaft in die Fabriken wechselten, suchten die Menschen nämlich einen Ausgleich zu ihrer Arbeit in der Natur, abseits von den inzwischen stinkenden und lauten Städten. Mit dem Bau des Eisenbahnnetzes Mitte des 19. Jahrhunderts verstärkte sich der Trend – es war nun bequemer und schneller möglich, in der freien Zeit die Stadt zu verlassen, um weite Reisen zu unternehmen und die Natur zu erleben. Allerdings hatten die Menschen in dieser Epoche weniger Freizeit als wir heute.

Etwa um 1900 entstanden in Deutschland die ersten eingetragenen Wandervereine, die anders als die Naturfreunde oft einen regionalen Fokus hatten. Der älteste Wanderverein Deutschlands ist der Schwarzwaldverein, gegründet 1864, der größte ist der Schwäbische Albverein, der 1888 in Plochingen ins Vereinsregister eingetragen wurde. Das Gebiet des Vereins umfasste in etwa das damalige Württemberg. Die Zahl der Mitglieder wuchs rasch – mit 91 000 Vereinsmitgliedern (April 2021) ist der Schwäbische Albverein heute noch der größte deutsche und auch der größte europäische Wanderverein.

Oft betreiben die Wandervereine heute eigene Hütten, in denen ihre Mitglieder übernachten oder feiern können. Zudem haben sie es sich zur Aufgabe gemacht, ihre Wanderwege zu pflegen, auszuschildern und instand zu halten. Der Deutsche Wanderverband (DWV), 1883 gegründet, ist der Dachverband von inzwischen rund 58 landesweiten und regionalen Gebirgs- und Wandervereinen in der Bundesrepublik. Dort sind rund 3000 Ortsgruppen mit bis zu 600 000 Einzelmitgliedern organisiert. Die Vereine kümmern sich aber längst nicht nur um Unterkunft und Pflege der Wege, sondern sind ein Ort der Geselligkeit geworden. Sie geben zudem Wanderliteratur und -karten heraus, engagieren sich in der regionalen Kultur und pflegen das Brauchtum. Sie bieten aber nicht nur ein umfangreiches Programm für alle, die gerne und leidenschaftlich draußen unterwegs sind, sondern haben längst auch den Umwelt- und Naturschutz auf ihrer Agenda stehen.

Unterbrochen wurde die Wanderlust der Deutschen durch die Weltkriege. Bereits während des Ersten Weltkrieges 1914–1918 kamen beinahe alle Reisetätigkeiten zum Erliegen. Die Zeit des Nationalsozialismus (1933–1945) hatte sogar erhebliche Auswirkungen auf die Wandervereine. Sie wurden im Zuge der Gleichschaltung dem Reichssportbund angeschlossen, und ihre Mitglieder wurden nach ideologischen Kriterien ausgesiebt. So wurde vor allem Marxisten und ›Nicht-Ariern‹ die Mitgliedschaft entzogen. Das Wandern und der Aufenthalt in der Natur wurden mit der Ideologie der Heimatliebe gleichgesetzt. Nationalsozialistische Institutionen indoktrinierten unter dem Deckmantel von Jugendorganisationen wie dem Bund deutscher Mädel bzw. der Hitlerjugend junge Menschen mit dem Gedankengut des Nationalsozialismus. Nach 1933 wurde der Verein Wandervogel von den Nazis aufgelöst und zwangsweise in die Hitlerjugend eingegliedert.

Heute wird Wandern gerne als ›Trekking‹ oder ›Hiking‹ bezeichnet, um den sportlichen Aspekt zu betonen. Diese Begriffe klingen moderner und entsprechen dem Zeitgeist. Im Grunde ist natürlich dasselbe wie eh und je gemeint: eine aktive Form der Freizeitgestaltung an der frischen Luft. Im Prinzip ist Wandern eigentlich alles, bei dem die eigenen Füße zur Fortbewegung dienen. Mittlerweile werden aber viele Varianten unterschieden wie etwa Fernwandern, Trekkingtouren mit anspruchsvollen Routen, Bergwandern, Nordic Walking mit Stöcken und Geocaching. Letzteres ist eine eher junge Freizeitbeschäftigung, bei der zu Fuß eine Schnitzeljagd oder Schatzsuche unternommen wird. Mittels GPS-Empfänger und Koordinaten suchen die Geocacher nach verborgenen Kästchen. Die Routen bestehen oft aus mehreren Aufgaben, aus denen sich wiederum neue Koordinaten ergeben. Sie finden sich im Internet bei entsprechenden Anbietern.

Natürlich gibt es weitere, hippe Ausprägungen des Wanderns wie Gehmeditationen, das Barfußwandern, Speed Hiking und das Nacktwandern – das seit einigen Jahren ebenfalls ein Trend geworden ist. Aber Obacht, das ist nicht überall erlaubt. Die Nudisten schätzen am Wandern ohne Kleidung, dass sie dabei viele Naturphänomene wie Wind, Sonnenstrahlen oder Regen intensiver erleben können. Manche kombinieren auch Nackt- und Barfußwandern.

Deutlich sportlichere Varianten sind das Bergwandern und das Speedwandern bzw. Speed Hiking, sehr schnelles Wandern mit Stöcken, das meistens in etwas anspruchsvollerem Gelände stattfindet. Viele sehen es als Sommeralternative zu Langlauf oder Skitouren, aber es eignet sich auch als konditionelles Aufbautraining sehr gut. Die Stöcke sind ein Hilfsmittel, um den Körper zu stabilisieren und die Oberkörpermuskulatur zu trainieren. Inzwischen gilt Speed Hiking als eigenständige Sportart, in der es auch Wettkämpfe gibt.

Die verschiedenen Arten des Gehens: Nomadentum – Pilgern – Spazierengehen – Flanieren

Nomadentum

Beim Nomadismus handelt es sich um die älteste Wirtschaftsform weltweit. Nomaden sind umherziehende Völker, die vor allem von der Viehzucht leben. Die Anzahl der Tiere, die eine Sippe oder Familie besitzt, spiegelt den Wohlstand, weshalb das Vieh traditionell nicht zum eigenen Verzehr gedacht war, sondern lediglich als Milch- und später Fellllieferant diente.

Nomaden sind Menschen, die nicht an einem festen Ort leben, sondern zu Fuß durch die Gegend ziehen – primärer Antrieb war einst das Jagen und Sammeln, heute ist es meist die Weidewirtschaft. Oft ziehen die Nomadenvölker entsprechend den Jahreszeiten von einem Ort zum nächsten, meistens geschlossen als Familie oder Sippengemeinschaft. In der Regel nehmen sie ihr ganzes Hab und Gut sowie den eigenen Viehbestand mit. Selten haben sie irgendwo dauerhafte oder feste Siedlungen. Nomaden passen sich in ihren Wanderbewegungen an die ökologisch nutzbaren Gebiete an – sie ziehen immer dorthin, wo das Gras gerade frischer und üppiger ist.

Das Nomadentum ist gewissermaßen die Urform menschlichen Lebens. Nomaden gibt es seit der Entstehung der Menschheit – vornehmlich bis zur neolithischen Revolution war es die vorherrschende Lebensweise. Die Sesshaftigkeit begann sich erst nach der Einführung des Ackerbaus zu verbreiten. Traditionell waren Nomaden Jäger und Sammler. Allerdings leben heute nicht mehr alle Völker vollnomadisch, manche ziehen nur teilweise umher und haben zusätzlich feste Standorte, die ihre Heimat sind.

Nomaden leben in der Regel in Wüsten, Steppen, Tundren sowie in der Prärie – also an Orten, an denen dauerhafte, ganzjährige Landwirtschaft keine Perspektive hätte. Deshalb ist für nomadische Gruppen Mobilität ein entscheidendes Element ihres Lebens – und in der Regel sind sie zu Fuß unterwegs. Durch Weidewanderungen erschließen sie sich fruchtbare Gebiete oder andere natürliche Ressourcen, die sie zum Überleben benötigen. Häufig beschränken sie sich aber in ihren Wanderungen auf ein bestimmtes Gebiet – in der Regel sind sie nicht in einem ganzen Land oder weltweit unterwegs.

Kennzeichen einer nomadischen Lebensweise ist eine flexible Anpassung an ökologische und soziale Rahmenbedingungen. Der Alltag der Nomaden ist geprägt von der Nutzung und der Suche nach Weideland. Man könnte sie als ökologische Vorbilder betrachten, da sie sich stets an die Natur und ihre Gegebenheiten anpassen – sie erhalten gewissermaßen durch ihre Lebensweise die natürliche Biodiversität und stemmen sich gegen den Aufbau von Monokulturen. Ihre Lebensräume werden aber durch die seit Jahrzehnten zunehmende Urbanisierung sowie die industrialisierte Landwirtschaft von Global Playern immer mehr eingeschränkt. Abgesehen von Nomaden und Bauern haben große Wirtschaftsunternehmen ebenso wie Banken und Investoren ein Auge auf das globale Weideland geworfen und längst weite Gebiete in Privateigentum überführt.

Durch die globale Wirtschaft werden Nomaden also zurückgedrängt auf kleine, engere Gebiete – was ihrem Lebenswandel eigentlich nicht entspricht. Auch ihre wirtschaftliche Grundlage wird ihnen allmählich entzogen, da ihre Produkte angesichts immer weitreichenderer Regulierungen und Zugangsbarrieren auf den internationalen Märkten kaum mehr zu vertreiben sind. Darunter leidet ihre ökologische Lebensweise, die oft schlicht unterschätzt und kurzfristigen ökonomischen Interessen geopfert wird. Damit geht auch ihr Wissensschatz über eine Lebensweise im Einklang mit der Natur verloren.

Trotz allem gibt es heute in vielen Gebieten der Welt weiterhin Völker, die keine festen Standorte haben, sondern wandernd von Ort zu Ort ziehen – vornehmlich in Entwicklungsländern und in eher dünn besiedelten Gegenden. Heute leben nomadische Völker vor allem noch in Steppengebieten, den Wüsten und Savannen Nordafrikas sowie in Teilen Asiens.

Aber auch die Inuit in Kanada und Grönland sind teils noch Nomaden, ebenso wie die Aborigines in Australien. In Europa kennen wir vor allem die Gruppe der Sinti und Roma – allerdings gehört diese ethnische Gruppe zu den unfreiwilligen Nomaden. Die Vorfahren der heute in Europa lebenden Roma und Sinti kamen ursprünglich aus der Gegend des heutigen Pakistans. Quellen zu ihrer Geschichte sind rar, aber vermutlich wanderten sie seit dem 8. bis 10. Jahrhundert über Persien, Kleinasien und den Kaukasus in Richtung Europa, etwa im 13. und 14. Jahrhundert dann über Griechenland und den Balkan auch in Richtung Mittel- und Westeuropa.

Vieles, was über ihre Geschichte bekannt ist, wurde eher

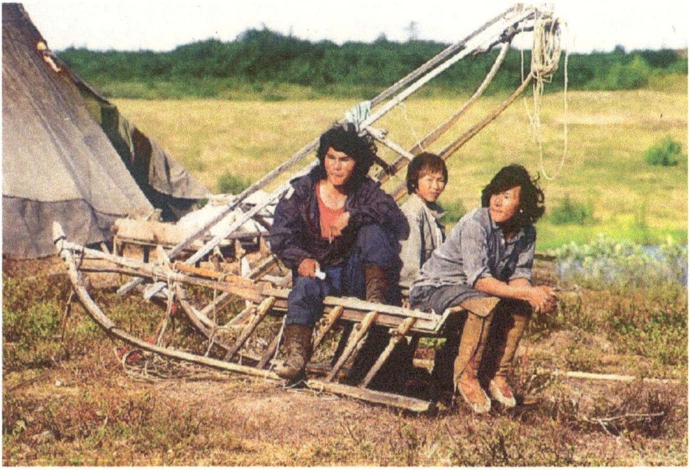

Nomaden aus der Ethnie der Nenzen in der russischen Tundra, aufgenommen im August 2000.

von Nicht-Sinti und -Roma zusammengetragen. Lange Zeit wurde ihnen ein Wandertrieb unterstellt, in Wahrheit sahen sie sich aufgrund von Kriegen, Verfolgung und Vertreibung und damit einhergehender wirtschaftlicher Not dazu gezwungen. Hierzulande sind sie nach wie vor extremer Diskriminierung ausgesetzt. Tatsächlich haben die gängigen Stereotype recht wenig mit dem wirklichen Leben von Sinti und Roma zu tun. Den Begriff ›Zigeuner‹ gibt es laut der Bundeszentrale für politische Bildung (BpB), seit diese ethnische Gruppe vor rund 600 Jahren in deutschsprachige Gebiete einwanderte. Er leite sich möglicherweise aus dem Griechischen ab (»die Unberührbaren«) und werde mehrheitlich von den Angehörigen dieser Minderheit abgelehnt und als abwertend empfunden.

Auch entspricht laut der BpB die Vorstellung, Sinti und Roma seien »heimatlose Nomaden«, eher den »Fantasien der Mehrheitsgesellschaft als der Wirklichkeit«. Ein beträchtlicher Teil der Minderheit lebte zwar lange Zeit von mobilen Gewerben, vom Handel mit Textilien oder Kurzwaren, oft waren sie auch Musiker, Handwerker oder Schausteller. Der größte Teil der Gruppe ist allerdings bereits im Laufe des 20. Jahrhunderts sesshaft geworden, auch Roma in Osteuropa leben seit etwa den 1970er Jahren in der Regel fest an einem Ort. Pflegen sie dennoch das Nomadentum, liegt das oft daran, dass sie an vielen Orten nicht gewollt sind und daher häufig weiterziehen müssen.

Dasselbe Schicksal haben bereits andere nomadische Völker erlitten, die inzwischen entweder ausgerottet sind oder auf Minigebiete zurückgedrängt wurden. Nomaden waren den sesshaften Völkern sowie den Eroberern bestimmter Gebiete der Welt suspekt: Sie waren nicht zu kontrollieren, wollten sich weder in die Lebensweise anderer Kulturen einfügen noch an künstlich etablierte Grenzen halten. Weil sie sich nicht unterwerfen wollten, fanden weltweit regelrechte Feldzüge und ethnische Säuberungen gegen nomadische Gruppen statt. Die indigenen Völker in Nordamerika, im Deutschen lange noch als ›Indianer‹ bezeichnet, wurden von den ersten Siedlern in Reservate gezwungen und ihres natürlichen Lebensraums ebenso wie ihrer ursprünglichen Lebensweise beraubt.

Die Aborigines – eine Sammelbezeichnung für die indigenen Völker Australiens – besiedelten vor etwa 40 000 bis 60 000 Jahren den Kontinent. Sie lebten ebenfalls vornehmlich als Jäger und Sammler. Aborigines sind keine einheitliche Ethnie, wenngleich der Sammelbegriff dies vermuten ließe, sondern bestehen aus unzähligen Völkern, Stämmen, Sippen oder Clans, die auch unterschiedliche Sprachen haben. Je nach Quellenlage gab es vor Ankunft der Briten 1788 wohl etwa 200 bis 700 verschiedene Völker, Australien hatte damals ca. 300 000 bis 1 000 000 Einwohner. Durch eingeschleppte Krankheiten, gegen die die indigenen Völker nicht immun waren, sowie durch gewaltsame Konflikte reduzierte sich deren Anzahl auf lediglich 60 000 im Jahr 1920.

Die australischen Behörden betrieben jahrzehntelang eine rigide Assimilationspolitik gegenüber den Aborigines – weshalb sich heute rund drei Viertel der indigenen Bewohner des Kontinents an die moderne Lebensweise angepasst haben. In einigen Gebieten lebten die Aborigines halbsesshaft, vor allem in weniger trockenen Gebieten, wodurch sie zum Beispiel von der Fischerei leben konnten. Die meisten der indigenen Stämme lebten eher seminomadisch, was bedeutet, sie zogen zyklisch durch ein bestimmtes Territorium, um sich Nahrung zu suchen, ließen sich dann aber wieder (in der Regel auch zur selben Jahreszeit) am selben Ort nieder. Sie hatten also durchaus so etwas wie eine Heimat, zu der sie immer wieder zurückkehrten. Durch Untersuchungen von Abfallansammlungen konnten Archäologen zeigen, dass manche dieser Plätze über Tausende Jahre hinweg jährlich besucht wurden. In den trockenen Gebieten waren die Aborigines ausschließlich Nomaden, sie mussten ihre Nahrungssuche über sehr weite Gebiete erstrecken, um überleben zu können.

Pilgertum

Neben wirtschaftlichen Gründen hat auch ihre Spiritualität bzw. Religion die Menschen schon immer zum Wandern motiviert – beim Pilgern reisen Gläubige zum Beispiel an für sie heilige Orte wie Jerusalem oder Mekka. Der Zweck der Reise besteht darin, eine stärkere Bindung zu einem Gott, dem eigenen Glauben oder dem persönlichen Seelenheil zu finden. Pilger sind oft mehrere Tage oder Wochen unterwegs.

Pilgern wird oft als Ursprung des Wanderns gesehen, manche bezeichnen es als dessen älteste Form. Als Begründer des Pilgerns gilt laut der Bibel Abraham, der Vater der drei monotheistischen Religionen Judentum, Christentum und Islam. Er machte sich als einer der ersten Pilger – zumindest als einer der ersten, von denen wir wissen – auf den Weg, weil sein Gott es von ihm verlangte. So heißt es im ersten Buch Mose:

> Der Herr sprach zu Abraham: Zieh weg aus deinem Land, von deiner Verwandtschaft und aus deinem Vaterhaus in das Land, das ich dir zeigen werde. Ich werde dich zu einem großen Volk machen, dich segnen und deinen Namen groß machen. Ein Segen sollst du sein. (Gen 12,1).

Abraham verließ seine Heimat gemeinsam mit seiner Familie. Die Bibel erzählt mehr von seinen Erlebnissen auf dem Weg als von seinem Ziel an sich – das er ja auch vorher noch gar nicht kannte. Dazu passt, dass beim Pilgern das Ankommen an sich nicht so entscheidend ist wie der Weg dorthin.

Die erste christliche Pilgerin war Helena (um 250–330), die Mutter des römischen Kaisers Konstantin. Er verkündete nach einem Glaubenskrieg ein Toleranzedikt, das die Verfolgung

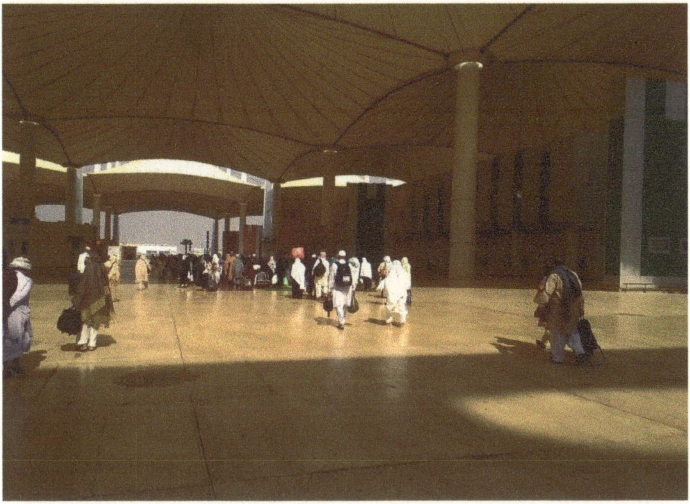

Heutzutage wird auch per Flugzeug gepilgert – der King Abdulaziz International Airport in der Nähe von Mekka hat sogar ein eigenes Terminal für die speziellen Bedürfnisse der muslimischen Pilger.

der Christen beendete. Seine Mutter Helena, die ebenfalls an Jesus Christus glaubte und auch getauft war, begann, den christlichen Glauben in die Welt hinauszutragen. Sie reiste zu Fuß durch die Provinzen und unterstützte Kirchen und Arme. Als ihre bedeutendste Reise gilt allerdings ihre Pilgerfahrt nach Palästina. Die damals fast 80-Jährige machte sich der Überlieferung nach aufgrund eines Traumes, in dem ihr Jesus erschienen sein soll, auf den Weg, um sein Grab im Heiligen Land zu suchen. Der Legende nach soll sie sogar barfuß und unbewaffnet von Rom nach Palästina gewandert sein. Sie gilt als Vorbild für andere christliche Pilger.

Im Mittelalter wurde das Pilgern förmlich zur Massenbewegung. In der Hochzeit des Pilgerns gab es drei bedeutende christliche Fernpilgerziele in Europa und Asien: Jerusalem, Rom und Santiago de Compostela in Nordspanien. Überlieferungen zufolge pilgerten im Jahre 1300 zu einer Papstaudienz rund 20 000 Menschen nach Rom. Muslime wiederum pilgerten gen Mekka – auch heute noch ist die Stadt der wichtigste Pilgerort für muslimische Gläubige.

Santiago de Compostela verdankte seine Anziehungskraft vor allem der Tatsache, dass das Heilige Land und damit Jerusalem von muslimischen Arabern bewohnt waren und eine Reise nach Rom für viele Pilger aufgrund der schon damals recht gut ausgebauten Straßen nicht anstrengend genug war – die Bürde, die man damit auf sich nahm, war anscheinend nicht groß genug, weshalb es viele religiöse Pilger in den Norden Spaniens nach Galicien zog.

Auch heute noch ist Santiago, das man auf dem sogenannten Jakobsweg erreicht, das bekannteste Pilgerziel in Europa. Dieser Name bezeichnet eigentlich eine Unmenge an Pilgerwegen quer durch Europa, die alle das angebliche Grab des Apostels Jakobus in Santiago de Compostela zum Ziel haben. Auf die Frage, wo der Jakobsweg beginne, erhält man in Spanien die Antwort: *El camino comienza en su casa* (›Der Weg beginnt in Ihrem Haus‹).

Der Jakobsweg ist also im Grunde genommen eher eine Idee, die im Mittelalter populär wurde, woraus sich eine regelrechte Volksbewegung entwickelte. Überall entstanden entlang der Wege Einrichtungen für die Betreuung und Begleitung der pilgernden Menschen wie Klöster, Stifte, Kirchen, aber auch Herbergen, Gasthäuser und Hospitäler. Den Orten an den beliebten Routen brachten die Pilger also auch wirtschaftlichen Aufschwung.

Viele heutzutage beliebte Fernwanderwege wie der Jakobsweg sind ursprünglich Pilgerpfade und werden immer noch von Tausenden von Menschen abgelaufen – aus den unterschiedlichsten Motiven heraus. Einst waren es vornehmlich religiöse Motive, wie die erwähnte Vertiefung der Beziehung zu Gott, aber man pilgerte auch aufgrund eines Gelübdes oder um Buße zu tun. Im Spätmittelalter nahmen sogar weltliche Gerichte das Pilgern in ihren Strafkatalog auf. So konnte eine Pilgerreise nach Santiago de Compostela manchen Angeklagten vor der Todesstrafe bewahren. Erst ungefähr seit dem 15. Jahrhundert schätzte man Pilgerreisen auch als eine Gelegenheit, andere Länder und Kulturen kennen zu lernen.

Während der Reformationszeit schwand der Stellenwert des Pilgerns. Martin Luther verglich das religiös motivierte Pilgern im 16. Jahrhundert mit dem Ablasshandel, bei dem sich Menschen durch den Kauf von sogenannten Ablassbriefen erhofften, weniger Zeit im Fegefeuer verbringen zu müssen. Luther bezeichnete das Pilgern auch als »Narrenwerk« oder »Geläuff«. Über das bedeutendste Pilgerziel Santiago de Compostela sagte Luther Überlieferungen zufolge sogar: »Lauf nicht dahin, man weiß nicht, ob Sankt Jakob oder ein toter Hund daliegt.« Die Protestanten konnten mit dem Pilgern lange nicht viel anfangen. Norwegen zum Beispiel verbot das Pilgern 1537 sogar; es wurde als Irrlehre tituliert. Aufgehoben wurde dieses Verbot erst Mitte des 20. Jahrhunderts, nämlich 1953.

Viele Menschen unternehmen eine Pilgerreise inzwischen längst nicht mehr nur aus religiösen Gründen, sondern um Krisenzeiten in ihrem Leben zu bewältigen – etwa nach einer Krankheit, einer Trennung oder in Findungsphasen. Oft suchen sie die Einsamkeit der Pilgerreise, um wieder zu sich selbst zu finden, aber vielleicht auch, um Gleichgesinnte zu treffen. Eine der aktuellsten und in Deutschland bekanntesten Schilderungen einer Pilgerreise stammt von dem Komiker Hape Kerkeling (*1964). *Ich bin dann mal weg* nannte er seinen Reisebericht aus dem Jahr 2001, erschienen im Jahr 2006. Darin beschreibt er die Erlebnisse seiner Pilgerreise nach Santiago de Compostela. Auch bei Kerkeling waren gesundheitliche Probleme der Auslöser für seine Reise, ein Hörsturz sowie die Entfernung seiner Gallenblase hatten ihn veranlasst, sich auf den Weg zu machen.

Kerkeling wählte für seine Pilgerreise den Camino Francés und war vom 9. Juni bis 20. Juli 2001 unterwegs. In seinem Buch beschreibt er, wie er – wie alle Pilger – sich mit den physischen und psychischen Herausforderungen einer solchen Reise auseinandersetzen musste. Wochenlang unterwegs zu sein – teils lange alleine – kann anstrengend sein. Man benötigt schon eine gewisse Grundkondition, um lange Strecken zu Fuß zurücklegen zu können, und natürlich auch eine gewisse innere Stabilität, um sich immer wieder aufzuraffen und weiterzugehen, um das Alleinsein in der Fremde aushalten zu können und die Ungewissheit einer solchen Reise.

Vorab muss sich ein Pilger mit vielen Dingen auseinandersetzen: Was nehme ich mit? Wo komme ich unter? Und natürlich: Wie reise ich sicher? Welche Ausrüstung brauche ich auf der Reise? Welchen Weg möchte ich überhaupt gehen und für wie lange? Habe ich die finanziellen Ressourcen dafür? Aber auch: Was erhoffe ich mir von dieser Reise?

Hape Kerkeling schreibt, er habe dabei sich selbst und seinen Glauben (»Buddhist mit christlichem Überbau«) besser kennengelernt, indem er sich auf die verschiedensten Menschen vor Ort eingelassen habe. Vor allem habe er sich wenig mit den »klassischen christlichen Pilgern« ausgetauscht – er glaubte, sie könnten am wenigsten von so einer Reise profitieren, weil sie »wenig lernfähig« seien. Er habe sich stattdessen auf »Sonderlinge und Exoten« konzentriert und traf unter anderem eine »heiratswillige Südamerikanerin, einen sexlüsternen Mitwanderer, Kirchenkritiker, Esoteriker und Spiritisten«.

Sein Buch gilt mit mehr als vier Millionen verkauften Exemplaren nicht nur als eines der erfolgreichsten Sachbücher in Deutschland – was sicherlich teilweise der Bekanntheit Kerkelings zu verdanken ist –, sondern es ließ auch die Pilgerzahlen aus Deutschland in Santiago de Compostela in den nachfolgenden Jahren ansteigen. Die Stadt führt eine offizielle Statistik, der zufolge im Jahr 2007 die Zahl deutscher Pilger rund 14 000 betrug – 71 Prozent mehr als im Vorjahr. Allerdings sank der Anstieg bereits im Jahr 2008 wieder auf 14 Prozent, lag aber immer noch höher als der durchschnittliche Zuwachs von neun Prozent in den Jahren 1999 bis 2006.

Das Phänomen ist zwar kaum wissenschaftlich untersucht, wird aber gerne als »Kerkeling-Effekt« bezeichnet. Auf seiner Reise lernte Kerkeling zum Beispiel die Engländerin Anne Butterfield kennen, mit der er einen großen Teil der Reise am Ende gemeinsam zurücklegte. Sie bereiste im Jahr 2010 den Jakobsweg erneut und schilderte ihre Erfahrungen in dem Buch *Ich bin da nochmal hin. Mit Gott und Hape auf dem Jakobsweg* (2012) – konnte aber damit nicht an den Erfolg Kerkelings anknüpfen.

Die Soziologen Hubert Knoblauch und Andreas Graff beschäftigen sich in einem Aufsatz im Fachbereich Religionssoziologie der Technischen Universität Berlin mit dem Phänomen (»Populäre Spiritualität oder: Wo ist Hape Kerkeling?«): Mit seiner Pilgerreise sei Kerkeling geradezu ein Musterbeispiel gegenwärtiger Religiosität – und er sei keineswegs ein

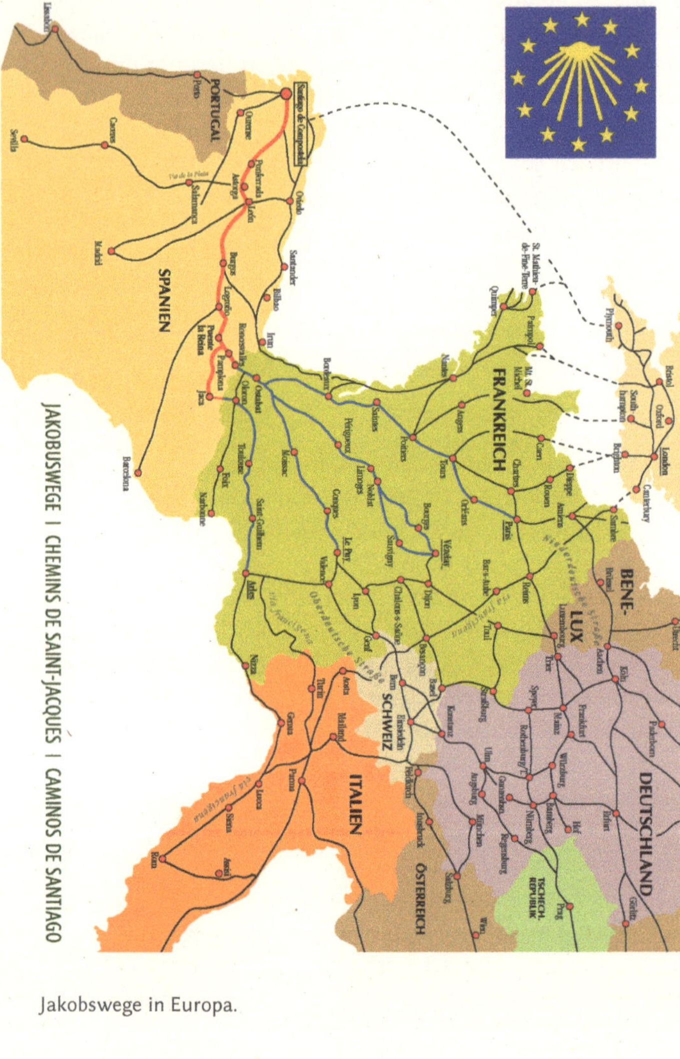

Jakobswege in Europa.

»exotischer Einzelgänger«. Vielmehr sei sein Buch – und damit die Art seiner Reise – Ausdruck einer populären Spiritualität.

Es gibt in ganz Europa und auch in Deutschland zahlreiche Pilgerwege. So listet die Website *Deutsche Jakobswege* rund 30 Touren allein in Deutschland auf – von Nürnberg an den Bodensee, um Augsburg oder München herum oder die Via Scandinavica, welche die skandinavischen Jakobswege mit jenen in Nord- und Mitteldeutschland verbindet.

Wonach suchen moderne Pilger? Pilgern ist keine typisch christliche Unternehmung, auch Muslime und Juden unternahmen seit jeher Pilgerreisen. In allen bekannten Weltreligionen, auch im Buddhismus und im Hinduismus, ist das Pilgern ein Mittel, um die Nähe zum eigenen Gott zu suchen. Aber treibt dies heute die Menschen noch an, wo die Religion in unserem Leben immer weniger Raum einzunehmen scheint? Weshalb nimmt die Zahl der Pilgerreisen dennoch immer mehr zu?

Durch die Natur zu gehen ist tatsächlich die beste Medizin für den Menschen – sowohl körperlich als auch psychisch. Einfach zu Fuß unterwegs zu sein stillt zudem die Sehnsucht nach Schlichtheit und Einfachheit sowie den Wunsch, mit sich alleine zu sein. Die langsame Fortbewegung ermöglicht es, seinen Gedanken nachzuhängen und zu ergründen, wer man ist und was man im Leben will. Wer pilgert, ist oft auf der Suche nach Sinn. Der Pilger unternimmt auch eine innere Reise. Das ist es wohl, was die meisten Menschen heute suchen, wenn sie eine Pilgerreise unternehmen: sich selbst. Ob man sich wirklich immer findet, ist natürlich eine andere Frage.

Vom Nomadismus und der Pilgerreise unterscheidet sich ganz grundlegend das Spazierengehen. Das Wort ›spazieren‹ ist vom italienischen *spaziare*, ›umherschweifen‹ oder ›sich ergehen‹, abgeleitet – der Spaziergänger hat also an sich keinen Zweck und kein Ziel im Kopf, wenn er sich aufmacht. Er hat weder wirtschaftliche noch religiöse Motive, warum er zu Fuß unterwegs ist. »Ich habe in meinem Leben nur ein, zwei Menschen kennengelernt, die sich auf die Kunst des Spazierens verstanden oder, anders ausgedrückt, eine Begabung zum Schlendern besaßen«, schreibt Henry David Thoreau (1817–1862) in seinem Essay *Vom Wandern.*

Für das Spazierengehen verwendet Thoreau im englischen Original *to saunter* – ›schlendern‹ oder ›gemächlich gehen‹. Jenes Wort wiederum komme von dem französischen Ausdruck *sans terre*, ›ohne Land‹ oder ›ohne Heimstatt‹. »Dies ist nämlich das Geheimnis des erfolgreichen Wanderns und Pilgerns. Wer immer still zu Hause hockt, kann trotzdem der größte Streuner sein; der Pilger im guten Sinne jedoch vagabundiert ebenso wenig wie ein kurvenreicher, mäandernder Fluss, der ständig und unermüdlich den kürzesten Weg zum Meer sucht«, schreibt Thoreau.

Das Spazierengehen entstand ungefähr im 18. Jahrhundert, als Gärten oder Parks für diesen Zweck angelegt wurden. Es war zunächst den Aristokraten vorbehalten und wurde oft als ›Lustwandeln‹ bezeichnet. Spazierengehen konnte nur jemand, der über freie Zeit verfügte, weil er kein Geld verdienen musste. Arbeiter und Bauern hatten in ihrem Alltag schlicht zu viel zu tun.

Eine allgemeine Kultur des Spazierengehens gab es aber bis

ins 19. Jahrhundert nicht. Die Menschen waren ohnehin dauernd auf den Beinen, um von A nach B zu gelangen, bis Massenverkehrsmittel wie die Eisenbahn und später das Auto aufkamen. Der Mensch wurde dadurch nun einerseits bequem, andererseits lockten ihn die neuen Verkehrsmittel, weite Reisen zu unternehmen und sich andere Länder schnell und einfach zu erschließen.

Das Spazierengehen als reine Freizeitbeschäftigung wurde anfangs vor allem aufgrund seiner sozialen Komponente geschätzt: Man ging hinaus auf die Straßen oder in Parks und Grünanlagen, um andere zu sehen und gesehen zu werden; es diente dem Knüpfen von Kontakten, der Erweiterung des eigenen Soziallebens oder auch dazu, ungestört Gespräche führen zu können. Heute gehen wir vor allem, um uns zu erholen, unseren Gedanken nachzuhängen oder um an der frischen Luft zu sein und die Sonne zu genießen. Für Künstler und Schriftsteller war der Spaziergang außerdem eine Möglichkeit, schöpferische Kraft und Ideen zu entwickeln.

Auf Goethe geht der Spruch zurück »Nur wo du zu Fuß warst, bist du auch wirklich gewesen.« Obwohl es zu Goethes Lebzeiten durchaus ja schon andere Fortbewegungsmittel wie Pferde und auch Kutschen gab, bevorzugte der Dichter es, gehend unterwegs zu sein. Warum sieht und erlebt man zu Fuß mehr? »Gehen ist das perfekte Tempo für Körper, Geist und Seele. Ein wahres Wundermittel«, schrieb Tobias Hürter 2017 in seinem Text »So kommen Sie weiter!« in der Wochenzeitung *Die Zeit*. Das sehen auch viele Wissenschaftler so.

> Ein Spaziergang ist eine Perlenschnur, die von einem bemerkenswerten Ort – den Perlen – zum nächsten führt. Auf den neutralen Strecken dazwischen überlegt man sich, wie

> wohl der nächste bemerkenswerte Ort aussehen werde. Normalerweise bereitet der vorangegangene Ort auf den nächsten vor. Da unsere Landschaft in Zonen organisiert ist, folgen sich die Orte in einer logischen Ordnung: der Uferwald, die Dünen, der Strand, das Meer,

sagt der Schweizer Soziologe und Dozent für Architektur und Stadtplanung Lucius Burckhardt. Er gilt als Begründer der Promenadologie, der Spaziergangswissenschaft also, die er in den 1980er Jahren aus Elementen der Soziologie und des Urbanismus heraus entwickelte.

Die Promenadologie will die Menschen wieder näher an ihre natürliche Umgebung heranführen. Der Spaziergang ist dabei nicht nur eine Bewegungsform für die Wissenschaftler, sondern sie empfehlen ihn auch allen als ein Instrument, um die alltägliche Umgebung zu erkunden und zu erforschen. Es gehe dabei nicht um »lockeres Spazierengehen und auch nicht um müßiges Wandern, sondern um das konzentrierte, das bewusste Wahrnehmen der Umwelt«, schreibt der Psychologe und Schriftsteller Werner Stangl. Der Soziologe Burkhardt kritisiert nämlich genau das: Der Mensch arbeite nur noch am Schreibtisch. Architekten und Stadtplaner müssten jedoch die Orte, die sie zu gestalten beabsichtigten, genau kennen. Und das könne am besten beim Zufußgehen durch die Stadt oder ein Dorf gelingen. Das Spazierengehen dient damit auch der Wissenschaft.

Der Spaziergang ist »keine Reise, Wanderung, Flanerie oder Exkursion«, auch kein Vagabundieren, also »das unfreiwillige ziellose Umherirren heimatloser sozialer Außenseiter oder Abenteuerdasein«, schreibt die Literaturprofessorin Claudia Albes in ihren Analysen über den Spaziergang als Erzählmodell. Der Spaziergänger gehe langsam, ohne großes Gepäck, gemächlich in der Natur umher. Er suche Ruhe und keine Abenteuer – das Gehen sei für ihn häufig ein Ritual, um sich zu entspannen oder gar um sich abzuregen.

Spazierengehen war lange eher etwas, das man älteren Menschen oder Familien zuschrieb und vielleicht allenfalls sonntags machte. Während der Coronapandemie hat es jedoch eine Renaissance erlebt. Spazierengehen war auf einmal tatsächlich die einzige Möglichkeit, mit Freunden in Kontakt zu bleiben und durch die Bewegung an der frischen Luft die Ansteckungsgefahr gering zu halten – sogar junge Erwachsene und Teenager entdeckten es auf einmal für sich. »Spazio, ergo sum«, schrieb der deutsche Kolumnist und Schriftsteller Axel Hacke in seiner Kolumne »Das Beste aus aller Welt« im *Süddeutsche Zeitung Magazin* im Januar 2021 – nach knapp zehn Monaten Pandemie. »Ich spaziere, also bin ich.«

Was sonst blieb einem übrig in einer Zeit, in der jede Kneipe, jede Sporthalle und selbst die Büros geschlossen waren? Spazieren also. Um Freunde zu treffen, um überhaupt ein bisschen rauszukommen, um Dates zu haben – der Spaziergang war auf einmal für alles da. »Wenn sonst nichts mehr geht, geht der Mensch«, schreibt Hacke weiter und nannte es die »massenhafte Durchlatschung der Welt«: »Das Weltbruttospazieraufkommen hat sich seit November verzehnfacht, wenn nicht mehr. Gewisse Wege in den großen Parks sind schon niederspaziert worden, der Abrieb unserer Spazierschuhe hat ihre Oberflächen abgetragen, es sind Spaziergräben, ja regelrechte Spazierschluchten entstanden. Man sieht nur noch die Köpfe der Hochleistungspromenierer und Gewaltflaneure.« In Zeiten, in denen der wöchentliche Einkauf im Supermarkt oder der Gang zum Schnelltestzentrum die einzigen

Höhepunkte des Lebens waren, musste der Spaziergang für alles herhalten.

Regelmäßige Spaziergänger mag vielleicht das Gefühl beschleichen, jeden Stein und jeden Baum in der näheren Umgebung zu kennen, doch dieses Gefühl täuscht. Selbst wenn wir immer wieder denselben Weg nehmen, entdecken wir immer wieder Neues, manchmal haben wir auch einfach nur neue Gedanken. »Ein Spaziergang ist und bleibt ein Spaziergang, stets ein Unikat, was ihm im digitalen Zeitalter der Reproduzierbarkeit eine gewisse Eigen- und Besonderheit verleiht«, schreibt Bertram Weisshaar, ebenfalls Spaziergangswissenschaftler.

Flanieren

Es gibt also unterschiedliche Formen, zu Fuß unterwegs zu sein. Was unterscheidet den Flaneur vom Spaziergänger? Der Schriftsteller Franz Hessel (1880–1941) schrieb dazu im Kapitel »Die Kunst spazieren zu gehen« seines Buches *Ein Flaneur in Berlin* (2011, zuerst 1929 unter dem Titel *Spazieren in Berlin* erschienen): »Diese altertümliche Fortbewegungsform auf zwei Beinen sollte gerade in unserer Zeit […] zu einem besonders reinen zweckentbundenen Genuß werden […]. Spazierengehn ist weder nützlich noch hygienisch.« Flanieren wiederum empfand Hessel als eine Art kleinen Urlaub im Alltag, er empfahl Menschen, die irgendwo warten müssen, aus diesen freien Minuten »Ferien des Alltags« zu machen – und zu flanieren. Jeder von uns wolle sich grundlos bewegen, so seine Auffassung. Wandern schließlich definiert Hessel als »langsame, altmodische Bewegungsart, die mit der Konzentration auf den Weg einhergehe«.

Das Flanieren ist für ihn immer auch ein Beobachten, ein Lesen der Straßen und ihrer Häuser. Der Flaneur ist deshalb nicht wie der Wanderer im Wald, in den Bergen oder anderswo in der Natur unterwegs, sondern in der Stadt. »Denn die Großstadt, die sich immer wieder als neu, phantastisch und fremd erweisen kann, gibt dem Menschen die Möglichkeit, an jeder Ecke das Wunder von Entdeckungen zu wiederholen«, schrieb Hessel. Gerne bezeichnet er die Großstadt auch als »Kramladen« – als einen Ort, an dem es immer wieder Neues zu entdecken und zu schauen gibt.

Die Geschichte des Flaneurs ist eng mit einer Stadt verbunden: Paris. Der Flaneur gehört zu Paris wie zu keiner anderen Stadt dieser Welt, die französische Hauptstadt wartete mit prächtigen Boulevards auf, die wie für ihn geschaffen waren. Geboren ist dieser Typus um den Vorabend der Französischen Revolution herum. Er war zwar auch zu Fuß unterwegs, aber mit anderem Ziel als der Spaziergänger, er wurde zum »Historiographen des Alltagslebens«. So beschreibt ihn die Architektin Turit Fröbe von der Universität der Künste Berlin. In seiner Figur spiegelten sich die Veränderungen, die Revolutionen, die Industrialisierung und Landflucht wider.

Mit der Zeit änderten sich die Orte, an denen flaniert wurde, ebenso wie die Beweggründe der Flaneure. In der Weimarer Republik brachten den Philosophen und Großstadtfeuilletonisten Walter Benjamin (1892–1940) und Franz Hessel das Flanieren nach Berlin. Der Spaziergänger war nun also nicht mehr auf dem Land unterwegs, sondern in der Stadt, und wurde dort zum Beobachter des Geschehens, das er oft auch schriftstellerisch festhielt. Der Flaneur lebte sozusagen vom Flaneursein, also vom Umherstreifen in der Großstadt.

Walter Benjamin lernte das Flanieren zunächst in Paris kennen. Dort suchte er auf den prächtigen Boulevards der französischen Metropole oder entlang der Seine nach Stoff für sein philosophisch-literarisches Werk. »Um 1840 gehörte es vorübergehend zum guten Ton, Schildkröten in den Passagen spazieren zu führen. Der Flaneur ließ sich gern sein Tempo von ihnen vorschreiben«, schrieb er beispielsweise.

Flaneure waren häufig männlich – was angesichts der Moralvorstellungen der damaligen Zeit naheliegt. Als gut situierter Mann mit bürgerlicher Kleidung und entweder dem Bürgertum oder dem Adel angehörig, konnte man unbehelligt anonym durch die Großstädte gehen und schweigend beobachten. Bei Frauen galt das ziellose Flanieren in den Großstädten lange Zeit hingegen als Zeichen der Prostitution – Bordsteinschwalben wurden sie genannt. Erst die Schriftstellerin Virginia Woolf (1882–1941) und später die Musikerin Patti Smith (*1946) eroberten die Straßen und Boulevards und ließen als »Flaneuse« das anrüchige Image hinter sich.

Was ist aus dem Flaneur geworden? Peter Handke (*1942) rief 1980 das *Ende des Flanierens* aus. Der Schriftsteller schreibt in dem gleichnamigen Essayband, dass es in der beschleunigten, modernen Großstadt unmöglich geworden sei, spazieren zu gehen. Denn in der Nachkriegszeit hat das Automobil unsere Städte vereinnahmt. Unser Leben wird seitdem entscheidend von der Motorisierung bestimmt. Die Blüte der Automobilindustrie im Zuge des Wirtschaftswunders ging mit einer Umwandlung unserer Städte einher – »Städte für Autos« ist seitdem das Credo in der Stadtplanung.

Der Begriff »die autogerechte Stadt« geht auf den Architekten Hans Bernhard Reichow (1899–1974) zurück, der forderte, Städte so zu gestalten, dass der Verkehr ungehindert fließen kann. Jahrzehntelang war das Konzept der autogerechten Stadt in Deutschland, dem Geburtsland des modernen Automobils, das Nonplusultra in der Stadtplanung, wie in vielen anderen Großstädten weltweit auch.

Inzwischen wird es vielfach kritisiert, von Natur- und Umweltschützern ebenso wie von modernen Stadtplanern. Federführend ist dabei der Kopenhagener Stadtplaner Jan Gehl (*1936), der weltweit »Städte für Menschen« entwirft. Wie sieht für ihn eine gute Stadt aus? »Sie ist um den menschlichen Körper und seine Sinne herum entwickelt«, schreibt Jan Gehl. Ein Mensch brauche Platz zum Sehen, Hören und Reden; daher müsse es viele Flanierwege in einer Stadt geben. »Beim Gehen geht es um viel mehr als nur Bewegung. Es ermöglicht direkte Begegnung von Mensch zu Mensch.« Genau dies sei in den vergangenen Jahrzehnten aber weltweit bei der Stadtplanung ignoriert worden, kritisierte Gehl bei einer Gastvorlesung an der Universität Stuttgart, – »nur um das Auto glücklich zu machen«.

Sein Vorschlag lautet, die Autos aus der Stadt zu verbannen. In Kopenhagen habe man das behutsam getan. »Die Lebensqualität einer Stadt erkennt man nicht an der Anzahl der Parkplätze, sondern daran, wie viele Kinder und Senioren auf den Plätzen und Straßen unterwegs sind«, sagte Gehl.

Kehrt der Flaneur dann in die Stadt zurück? Eine moderne Stadt, die den Menschen in den Mittelpunkt stellt anstatt das Auto, animiert auf jeden Fall mehr zum Zufußgehen als die bisherige Infrastruktur in vielen Städten. Städte, die in erster Linie durch Abgase verpestet sind und in denen sich Menschen zwischen parkenden Autos hindurchschlängeln müssen, laden dazu nicht ein. In Jan Gehls Heimatstadt Kopenhagen nehmen Straßen für Autos längst sehr viel weniger Raum ein. Das Stadtbild prägen dort tatsächlich Fußgänger – und vornehmlich Radfahrer. Der moderne dänische Flaneur scheint am liebsten auf dem Rad unterwegs zu sein.

Auch in vielen anderen Metropolen erobern sich die Menschen ihre Stadt von den Autos zurück – bis das die Politik oft nicht mehr ignorieren kann. Inzwischen gibt es viele Initiativen, die Innenstädte wieder fußgängerfreundlicher zu gestalten. So hat zum Beispiel Anne Hidalgo (*1959), die Bürgermeisterin von Paris, angekündigt, die weltberühmte Prachtstraße Champs-Élysées in einen »großen Garten« zu verwandeln. Das ist im Übrigen nicht der erste Versuch, das Auto aus der Stadt zu verdrängen und Räume für Spaziergänger und Flaneure zu gestalten. Seit einigen Jahren sind bestimmte Viertel in Paris, etwa rund um Montmartre, bereits an Sonn- und Feiertagen für Autos gesperrt. Im Autofahrerparadies Deutschland hinkt man dieser Entwicklung noch etwas hinterher, auch wenn es in vielen Städten Initiativen gibt, die sich für weniger Verkehr und damit eine fußgängerfreundliche Stadt einsetzen.

Wandern und Psyche: Zu Fuß zu sich selbst

Wandern ist ein Trend geworden. Gestresste Großstädter versuchen, in der Natur ihren Alltagssorgen sowie der Enge der Stadt zu entkommen. Auf der Suche nach dem Ursprünglichen haben sie die Wanderlust neu entdeckt. Mit Slogans wie »Draußen zu Hause« werden sie von bekannten Outdoorsportmarken ins Freie gelockt.

»Draußen zu Hause« – das ist das Kontrastprogramm zu unserem Leben zwischen Haus und Büro. Viele Schritte machen wir allenfalls, wenn wir uns in einem muffigen Fitnessstudio zweimal die Woche eine halbe Stunde auf ein Laufband zwingen. Den Weg zu ihrem Schreibtischjob legen die meisten Menschen heutzutage mit dem Auto oder der Bahn zurück. Büromenschen gehen in ihrem Alltag oft nur drei bis fünf Kilometer in der Woche zu Fuß. Unsere Vorfahren gingen vermutlich etwa 20 bis 40 Kilometer am Tag, um zu jagen und zu sammeln. Der Mensch ist eigentlich dazu gemacht, zu Fuß zu gehen, dafür hat sich unser Körper bis in unsere feinsten Nervenbahnen jahrtausendelang optimiert. Dass uns viel Bewegung gesundhält, ist keine neue Erkenntnis. »Gehen ist die beste Medizin« – diese Feststellung wird schon dem griechischen Arzt Hippokrates vor 2400 Jahren zugeschrieben. Nur haben wir das im Laufe der Evolution irgendwie vergessen.

Psychische Vorteile des Wanderns

Verbesserung der Stimmung und gute Laune, Verringerung von Stress und Steigerung der Resilienz, Verbesserung des Selbstwertgefühls, Verringerung von Stimmungsschwankungen, Ängsten und Depressionen, Steigerung der Energie, Verbesserung des Körpergefühls, Unterstützung der Gedächtnisleistung, tieferer Schlaf und bessere Schlafqualität

Kein Wunder also, dass in unserer Gesellschaft Herz-Kreislauf-Krankheiten, Rückenprobleme und Depressionen zu den Volkskrankheiten schlechthin gehören. Oft liegt das einfach daran, dass wir uns zu wenig bewegen. Der Stuttgarter Verhaltenstherapeut Fred Christmann sagte einmal, nirgends könne man seine Psyche besser stärken als in der Ruhe der Natur. Und um mit Ängsten in unserem Leben besser zurechtzukommen, helfe nichts besser, als täglich mindestens 40 Minuten zügig durch den Wald zu gehen.

Jeden Tag eine kleine Wanderung zu unternehmen macht uns gesünder. Längere Wanderausflüge oder auch Bergtouren halten uns nicht nur gesund, sondern sie machen uns auch glücklich. »Das Glück des Wanderns rührt daher, dass Wandern für Leib und Seele ein Gesundbrunnen ist«, schreibt der Philosoph Albert Kitzler in *Vom Glück des Wanderns. Eine philosophische Wegbegleitung.*

Allerdings ist der gesundheitliche Vorteil nicht allzu groß, wenn wir nur gelegentlich in Bewegung sind. Die Weltgesundheitsorganisation (WHO) empfiehlt pro Woche mindestens fünf Stunden gemäßigte körperliche Betätigung und etwa zwei bis drei Stunden anstrengendes Training. Dazu müssen wir nicht immer ins Fitnessstudio, schon zügiges Gehen ist eine gute Möglichkeit, um sich fit und in Form zu halten. Wandern und Spazierengehen schonen den Körper und vor allem die Gelenke im Vergleich zu anderen Sportarten. Die Gefahr, sich zu verletzen oder zu überlasten, ist außerdem recht gering, und daher ist das Wandern eine optimale Bewegungsform, die für (fast) jeden geeignet ist. Wer viel im Büro sitzt, der kann mit ausgedehnten Wanderungen auch Rückenleiden vorbeugen oder chronische Schmerzen lindern.

Wandern als moderater Ausdauersport ist in den letzten Jahren immer mehr in den Fokus wissenschaftlicher Untersuchungen gerückt, vor allem in der Sportmedizin. Denn längst ist klar, dass viele chronische Erkrankungen auf unseren modernen, westlichen Lebensstil zurückzuführen und damit auch Wohlstandskrankheiten sind, weil wir uns im Alltag viel zu wenig bewegen. Zwar müssen wir nicht gleich jeden Abend durch den Wald joggen, aber um körperlich und psychisch gesund zu bleiben, brauchen wir ein regelmäßiges, moderates Ausdauertraining.

Auch der Seele hilft das: Einfach unterwegs zu sein, ohne Sinn und ohne Ziel, das kommt in unserem durchgetakteten Alltag viel zu kurz. Wir hetzen von einem Termin zum nächsten – ob beruflich oder privat – und buchen dann teure Yoga- oder Meditationskurse, um uns zwischen Tür und Angel abends noch schnell von dem ganzen Stress in Job, Familie und Freizeit wieder zu erholen. Das funktioniert natürlich selten gut. Nicht, weil Yoga und Meditation keine hilfreichen Methoden wären, sondern weil Entspannung nur gelingt, wenn wir auch unser Leben entspannen. Und Entspannung findet man natürlich vor allem da, wo nichts ist. Wo uns nichts ablenkt. Kein Telefon, kein Computer, keine anderen Menschen.

Feste Kurse in einem Fitnessstudio oder im Sportverein sind für viele ein zusätzlicher Programmpunkt auf ihrer nicht endenden To-Do-Liste. Einfach abends die Sportschuhe anzuziehen und noch eine Stunde in den Wald oder übers Feld zu gehen kann eine bessere Auszeit bieten, weil wir nicht an einen Termin gebunden sind und die Bewegung an der frischen Luft stattfindet. Zudem können wir frei wählen, wie lange wir unterwegs sind. Schon eine halbe Stunde an der frischen Luft spazieren zu gehen als Ausgleich zum ewigen Starren auf einen Bildschirm kann wahre Wunder wirken. Bauen wir Wandern oder Spazierengehen regelmäßig in unseren Alltag ein, werden wir schon nach wenigen Wochen sowohl körperlich als auch mental entscheidende Veränderungen spüren.

Und das Schöne ist: Man muss kein Profi sein, um sein Glück in der Natur zu finden und etwas für die Gesundheit zu tun. Man muss nicht die Kondition für stundenlange Bergtouren haben, man muss nicht einmal sonderlich sportlich sein. Das Schöne am Wandern ist: Jeder kann es. Und man braucht für kleine Touren nicht einmal viel – nur passendes Schuhwerk.

Außerdem sind passionierte Wanderer glücklichere Menschen. Denn es ist medizinisch erwiesen, dass viel Bewegung an der frischen Luft und in der Natur gegen Kummer, Schmerz und sogar gegen Depressionen hilft – fast wie ein natürliches Antidepressivum. Der Psychiater Markus Fischl von der Landesnervenklinik in Linz sagte gar einmal: »Wandern wäre unbezahlbar, wenn man es als Medikament verkaufen würde.«

Die Studie »Übern Berg« des Salzburger Uniklinikums im Rahmen der Suizidprävention bestätigt, dass Wandern Depressionen und psychische Störungen lindern kann – nicht unerheblich angesichts der alarmierenden WHO-Prognose, wonach Depressionen bereits 2020 die zweithäufigste Volkskrankheit sein sollen. Darin konnten die Forscher einen Zusammenhang zwischen Wandern, Naturerleben und der Reduzierung von Hoffnungslosigkeit nachweisen. Die Teilnehmer der Studie gaben nach ihrer jeweils neunwöchigen Wanderphase an, in den Bergen mehr Selbstvertrauen gewonnen und weniger Stress empfunden zu haben.

Den größten Einfluss auf unsere Psyche hat übrigens das Wandern in den Bergen. Die Studie »Stressreduktion durch Bergwandern« im Auftrag des Deutschen Alpenvereins kommt zu dem Ergebnis, dass regelmäßiges Wandern in den Bergen unser Stresserleben reduziert und gleichzeitig positive Gefühle wie Zufriedenheit, Dankbarkeit und Demut fördert. In Begleitung eines erfahrenen Bergführers machten 24 Menschen, die sich selbst als »stark gestresst« bezeichneten, ein Jahr lang zu allen vier Jahreszeiten Bergwandertouren. Dabei wurden nicht nur ihre psychischen Befindlichkeiten und ihre Stimmung untersucht, sondern auch physische Merkmale wie der Blutdruck und der Cortisolspiegel gemessen. Bei fast allen Teilnehmern ging der Blutdruck schon im Laufe eines Wandertages spürbar zurück. Atem- und Herzbeschwerden reduzierten sich während des Wanderjahres bei allen.

Wissenschaftler der Stanford University wiederum haben 2015 in einer Studie herausgefunden, dass ein Spaziergang in der Natur die Laune hebt, Ängste nimmt und das Gedächtnis verbessert. Die Autoren der Studie Gregory N. Bratman, J. Paul Hamilton, Kevin S. Hahn, Gretchen C. Daily und James J. Gross konnten nachweisen, dass die Teilnehmer, die 90 Minuten durch die Natur gelaufen waren, weniger grübelten als diejenigen, die 90 Minuten durch die Stadt liefen. Auch war bei der Naturgruppe die Aktivität im präfrontalen Cortex vermindert, dem Bereich unseres Gehirns, das mit mentalen Krankheiten und Beschwerden in Verbindung gebracht wird.

Warum tut uns Wandern so gut? Die Stille und die Vielfalt der Natur wirken beruhigend auf uns. Beim Gehen denken wir zwar noch vielleicht über unseren Alltag nach, doch je länger wir unterwegs sind, desto mehr lassen wir unsere Sorgen zurück, sie relativieren sich. Oft finden wir beim Gehen auch kreativere Lösungen, als wenn wir daheim auf dem Sofa vor uns hin grübeln.

Mit jedem Höhenmeter fühlen wir uns freier, unser Kopf wird klarer. Die Weite und der gigantische Blick auf die Berge relativieren unsere doch vielleicht eher kleinen Alltagssorgen. Und wir finden im Wandern neue Kraft für unser tägliches Leben. Der Philosoph Albert Kitzler schreibt: »Alles, was ein gelingendes Leben ausmacht, finden wir im Wandern. Wir brauchen Energie und Ausdauer, die uns im Alltag hilft, hilfreiche Gewohnheiten einzuüben. Wir setzen uns Ziele und wir sind glücklich, wenn wir sie erreichen. Und im Auf und Ab des Weges erkennen wir den Rhythmus des Lebens wieder.« Wandern in der Natur ist eigentlich unsere natürlichste Art der Bewegung.

Wir belasten unseren Körper, konzentrieren uns auf uns selbst und die Landschaft – und entschleunigen dabei wie von selbst. Wandern ist quasi wie Yoga und Meditation plus Natur – ein Effekt, der nicht zu unterschätzen ist. Es stärkt zudem unser Immun- und Hormonsystem sowie unseren Stoffwechsel und Kreislauf. Außerdem trägt es zum Aufbau von Muskelkraft und Ausdauer bei.

Der österreichische Psychiater Reinhard Haller hält regelmäßiges Wandern für »eine Wohltat für Körper und Seele«. Die kontinuierliche Bewegung in der Natur wirke sich auch auf unser Gehirn aus. Die Daueranstrengung aktiviere nämlich mehrere Hirnareale, die über den Botenstoff Dopamin kommunizieren, und zwar auf eine ähnliche Weise, wie dies durch Hypnose, Autogenes Training oder Meditationstechniken erreicht werden kann. »Und was fördert unseren Selbstwert mehr als ein erreichter Gipfel, und was gibt uns mehr Gelassenheit als das Betrachten der tief unten oder weit entfernt liegenden, miniklein wirkenden Alltagswelt aus landschaftlicher Erhabenheit?«, schreibt Haller.

Viele Gefühle verlieren ihre Intensität, wir werden automatisch ruhiger, wenn wir unserer natürlichsten Form der Bewegung nachgehen. Spazieren oder Wandern können wir jederzeit problemlos in unseren Alltag integrieren, in der Mittagspause, auf dem Nachhauseweg oder am Wochenende, indem wir die nähere Umgebung erkunden. Es kostet nichts und ist zudem eine der umweltfreundlichsten Arten der Fortbewegung. Die Autorin und Organisationsberaterin Sabine Claus schreibt zudem: »Gerade in Stresssituationen oder für seelisch belastete Menschen stellt moderate Bewegung eine passable Möglichkeit dar, das konstante Kreisen schwermütiger Gedanken zu unterbrechen. Wir können seelischen Krisen und körperlichen Leiden also buchstäblich ent*gehen*.«

Aus ihrer Erfahrung mit Patienten weiß Claus, dass sich Menschen mit getrübter Stimmung am Morgen schon nach einem kurzen Morgenspaziergang an der frischen Luft mit eventuell sogar kürzeren Laufeinheiten mental sehr viel besser fühlen. Zudem sieht Claus einen spirituellen Effekt im Spazierengehen, es sei eine »Form der Selbstfindung und Selbstheilung. [...] Denn unser Leben ist ein permanentes Auf-dem-Weg-Sein. Wir lernen beim Spazieren, achtsam zu sein, was vor uns und in uns liegt.«

Man kann noch eine Stufe weiter gehen beim Spazierengehen im Wald. *Shinrin Yoku* kommt ursprünglich aus Japan und bedeutet wörtlich übersetzt ›ein Bad in der Atmosphäre des Waldes nehmen‹. ›Waldbaden‹ nennt sich der Trend in Deutschland.

Ist dieses ›Waldbaden‹ einfach nur eine neue, hippe Bezeichnung für einfaches Spazierengehen im Wald, um die Massen anzulocken? Eine Idee von pfiffigen Tourismusmanagern? Nein, vielmehr haben die Heilkraft der Bäume in der Moderne zuerst die Japaner wiederentdeckt. Bereits im Jahr 1982 riet die staatliche japanische Forstbehörde dazu, Ausflüge in den Wald in den Lebensstil zu integrieren, und förderte ein millionenschweres Forschungsprogramm. Japanische Wissenschaftler haben mittlerweile in verschiedenen Studien ermittelt, dass der Aufenthalt im Wald wie eine Art Aromatherapie wirkt, die für die Gesundheit förderlich ist. Längst gilt *Shinrin Yoku* in Japan als eine anerkannte Methode, um Stress abzubauen, und wird vom japanischen Gesundheitswesen gefördert. Bis zu fünf Millionen Japaner nutzen jedes Jahr die Wege des Nationalen Erholungswaldes von Akasawa. Auch Südkorea legt nun Forest Bath Parks in der Nähe von Städten an, und im hügeligen Norden entstanden fünf große Natural Recreation Forests.

Tatsächlich wird unser Immunsystem durch das Einatmen der ätherischen Öle, die die Bäume in die Luft abgeben, gestärkt. Unser Körper produziert dank der in der Waldluft enthaltenen Terpene verstärkt sogenannte Killerzellen, die gegen Krebs wirken. Terpene dünsten aus der Rinde und den Blättern von Bäumen, Sträuchern und anderen Pflanzen aus.

Nimmt der Mensch sie über Haut und Lunge auf, beruhigt sich der Sympathikus, ein Teil des vegetativen Nervensystems, der in Stresssituationen Flucht- und Kampfreaktionen steuert. Zugleich erhöht der Ruhenerv Parasympathikus, der als Gegenspieler des Sympathikus der körperlichen Regeneration dient, seine Aktivität.

Studien zufolge werden durch den Aufenthalt im Wald auch Angstzustände, Depressionen und Wut verringert, Stresshormone abgebaut und die Vitalität gesteigert. Seit 2012 existiert an japanischen Universitäten ein eigener Forschungszweig. Die *Forest Medicine* bzw. ›Waldmedizin‹ begeistert mittlerweile Wissenschaftler auf der ganzen Welt. Vor allem Großstadtmenschen wird der Aufenthalt im Wald regelrecht verordnet. Dazu hat man spezielle Waldgebiete zu Waldtherapiezentren ernannt. Auch am Lehrstuhl für Public Health und Versorgungsforschung der Ludwig-Maximilians-Universität München werden die Effekte des Waldbadens untersucht. Waldbaden entfalte eine wohltuende Wirkung bei psychischen Belastungen und Stresssituationen, zeigt die Forschung des Lehrstuhls.

Allerdings lassen sich selbst durch viel Bewegung im Wald Medikamente gegen psychische Krankheiten und auch Psychotherapie nicht ersetzen, sie habe vielmehr eine präventive Funktion. Forscher arbeiten dort aber zum Beispiel an einem Kriterienkatalog für Kur- und Heilwälder, mit deren Einrichtung sich die bayerischen Heilbäder und Kurorte die Heilkraft des Waldes zunutze machen könnten.

In Deutschland hat man diese neue Form der Prävention vor einigen Jahren ebenfalls für sich entdeckt. Im Ostseebad Heringsdorf auf Usedom ist der nach eigenen Angaben »erste europäische Kur- und Heilwald« entstanden. Seit Ende 2016 ist der Kur- und Heilwald auf der Insel Usedom mit seinen Therapiegeräten, seinem Kletterparcours und vielen malerischen Ruheplätzen ein Ort für Erholungssuchende und Stressgeplagte. Auf dem Naturparcours mit einem ausgebauten Wegenetz gibt es abwechslungsreiche ›Terrainkurpfade‹. Außerdem lockt der Poesiepfad mit berühmten Zitaten, während der Sensorik- und Motorikpfad der Bewegungsmotivation dienen soll.

Waldbaden wirkt nicht nur deshalb so gut, weil wir uns im Wald bewegen, auch die Bäume haben eine besondere Wirkung auf uns. Der Naturschutzbund (NABU) empfiehlt daher, den Wald mit allen Sinnen zu erspüren und zum Beispiel auf das Klopfen eines Spechts zu lauschen, den Duft von frischem Moos einzuatmen oder an Fichtennadeln zu riechen und Tiere zu beobachten. Man solle das Waldbaden fest in den eigenen Alltag integrieren, der Mensch brauche das Grün des Waldes für seine Gesundheit. Und je mehr Zeit wir im Wald verbringen, desto mehr fühlen wir uns mit der Natur verbunden.

Der deutsche Förster Peter Wohlleben (*1964) hat sich ebenfalls der wohltuenden Wirkung des Waldes verschrieben und in einigen Büchern die Wechselwirkung zwischen den Bäumen und dem Menschen beschrieben. Er animiert andere dazu, mit ihm *Das geheime Leben der Bäume* zu entdecken. Der Förster, der in der Eifel lebt, setzt sich zudem für eine ökologische und ökonomische Waldwirtschaft ein. Waldbaden findet er »besser als Wellness«. Der Beststellerautor ist der Meinung, dass sich bei längerem Aufenthalt im Wald – und zwar am besten alleine – schnell eine innere Ruhe einstelle. Das Unterwegssein in der Natur rege die eigene Kreativität an.

Viele verknüpfen das Waldbaden übrigens mit anderen Entspannungstechniken wie der Gehmeditation, dem Achtsam-

Eine Anleitung zum Waldbaden in zehn Schritten

1. Schlendern: Gehe langsam und gemütlich spazieren. Streckenverlauf, Ziel und Dauer sind nicht festgelegt.
2. Rasten: Halte inne, verausgabe dich nicht. Lege rechtzeitig Pausen ein. Lass die Seele nachkommen.
3. Wahrnehmen: Erlebe, was dich umgibt, aber ohne Leistungsdruck. Staune, genieße die Formen, Farben, Gerüche und Geräusche des Waldes. Leg dich ins Laub, sonne dich. Berühre eine Rinde, lehne dich an einen Stamm, setze dich auf einen Baumstumpf. Probiere junge Blätter, die du kennst. Entdeckst du einen Bach, schau aufs Wasser, kühle deine Füße.
4. Ausprobieren: Gehe mit offenem, wachem Blick, entdecke Bekanntes neu. Lege ein Mandala, flechte Gräser, sammle Steine, Eicheln oder Kastanien, suche dir einen schönen Spazierstock.
5. Sanfte Bewegung: Balanciere über Stämme, hüpfe über Stümpfe. Wenn du kannst, übe Yoga – der Körper bekommt so mehr Sauerstoff.
6. Achtsamkeit: Sei mit deiner Aufmerksamkeit im Moment, staune vorbehaltlos, nimm Eindrücke wertfrei wahr.
7. Augenentspannung: Schau in die Ferne: Genieße das Grün des Waldes, entlaste deine monitormüden Augen.
8. Atemübungen: Setze dich an einen schönen Platz, und beobachte deinen Atem, lass ihn kommen und gehen.
9. Meditation: Sammle dich, beruhige deinen Geist, dann findest du zur Ruhe. Anfänger lassen sich anleiten.
10. Stille: Schweige, träume und genieße das Alleinsein.

(Quelle: Zeit Online)

keitstraining oder sanften Bewegungsmethoden wie Qigong oder Tai-Chi. Waldbaden soll bewusst dazu anregen, das eigene Tempo zu drosseln, nicht einfach nur schnurstracks durch den Wald zu marschieren, sondern die Natur bewusst wahrzunehmen und in sie einzutauchen. Wohlleben empfiehlt zum Beispiel, sich für eine Stunde mit einer Isomatte unter einen Baum zu legen, alles im Wald auf sich wirken und die Gedanken fließen zu lassen.

Lifestyle-Hobby Wandern: Zwischen Trend und Kommerz

Seit der Jahrtausendwende ist Wandern ein Riesentrend geworden. Längst schnüren sich nicht mehr nur rüstige Rentner wie mein Großvater damals am Wochenende und im Urlaub die Bergstiefel. Inzwischen ist das Wandern zum Lifestyle-Hobby für junge Menschen geworden, die nun mit Hightech-Ausrüstung von namhaften Anbietern die Berge unsicher machen. Vergessen sind die Zeiten, in denen Wandern ein Hobby für Spießer war. Die Ära der Kniebundhosen mit roten Strümpfen ist vorbei – ebenso wie das angestaubte Image.

Etwa 41 Millionen Deutsche ziehen pro Jahr zu Fuß hinaus in die Natur – ob als Tageswanderer, Geocacher, Pilger oder Trekkingtouristen. Die Naturbegeisterung ist immens; nicht nur zum Wandern zieht es die Menschen in Berge und Wälder, sondern auch zum Mountainbiken, Klettern, Bergsteigen und Skifahren. Die Outdoorindustrie macht Rekordumsätze, der Alpenverein wird überrannt von neuen Mitgliedern. Rund 120 Millionen Menschen machen jedes Jahr in den Alpen Urlaub.

Der Wanderurlaub steht bei den Deutschen auf Platz vier der beliebtesten Urlaubsarten, und rund zehn Prozent der Deutschen gaben in einer Umfrage des Instituts für Demoskopie Allensbach an, in ihrer Freizeit häufig wandern zu gehen. Beim Wandermonitor 2018 sagten 94,3 Prozent der Befragten, sie wanderten, um die Natur zu erleben.

Wandern spiegelt heutzutage die Sehnsucht vieler Menschen nach einem natürlicheren und ursprünglichen Leben wider, nach einer Reduzierung des eigenen Lebens auf das Wesentliche und Einfache. Laut dem Deutschen Wanderverband sind Männer wie Frauen gleichermaßen gerne zu Fuß in der Natur unterwegs. Etwa 70 Prozent der Bevölkerung in Deutschland, Österreich und Schweiz gehen zumindest gelegentlich gerne auf Tour. Das Durchschnittsalter der passionierten Wanderer liegt etwa bei 47 Jahren. Menschen über 55 Jahre haben nach wie vor das größte Interesse am Unterwegssein in der Natur. Außerdem zählen Singles und Paare ohne Kinder zu den größten Wanderfans.

Über 750 000 Einträge und Fotos mit malerischen Alpenkulissen und Kühen oder märchenhaften Seenlandschaften finden sich auf dem sozialen Netzwerk Instagram unter dem Hashtag #wandernmachtglücklich. Ein Foto von einem Gipfelkreuz ist quasi schon zum Statussymbol geworden unter Influencern.

Durch die Coronapandemie und die auferlegten Maßnahmen zu deren Eindämmung hat Wandern einen unglaublichen Boom erlebt. In einer nicht repräsentativen Umfrage des Deutschen Wanderverbandes (DWV) gaben im Januar 2021 62 der befragten Betreiber von Wanderwegen, Gastronomen sowie Tourismusexperten an, dass im Jahr 2020 das Interesse an Wanderwegen im Vergleich zum Vorjahr stark angestiegen sei. »Es gibt schlicht keine andere Einflussgröße, mit der diese Entwicklung bundesweit zu begründen ist – viele Menschen haben das Wandern neu für sich entdeckt«, sagt der DWV-Studienleiter Erik Neumeyer.

Der Wanderforscher Rainer Brämer hält den Wanderboom eher für ein Klischee – so wie man früher dachte, Wanderer seien eher ältere Menschen, die in Kniebundhosen mit roten Strümpfen durch die Landschaft marschieren, sei es heute eben ein Klischee, dass Wandern nun ein Trendsport unter jungen Leuten geworden sei. Rainer Brämer gilt als deutscher Wanderexperte und ›Wanderpapst‹. In zahlreichen Studien haben sich seine Forschungen niedergeschlagen und damit das Wandern sowohl aus natursoziologischer als auch wandertouristischer Sicht neu definiert. Brämer leitete die Forschungsgruppe Wandern am Institut für Sport- und Erziehungswissenschaft an der Universität Marburg und ist Gründungsmitglied sowie Vorsitzender des Deutschen Wanderinstituts e. V.

Allerdings hat das Wandern nicht erst in den letzten zwei Jahrzehnten eine kommerzielle Komponente durch findige Touristikunternehmen erhalten. Tatsächlich gab es den wirtschaftlichen Anreiz, seit Wandern erstmals zum Freizeitvergnügen wurde. Bereits Anfang des 20. Jahrhunderts wurde in den Alpen- und Waldregionen Europas ein großes Dienstleistungs- und Warenangebot aufgebaut – um Wanderer anzulocken. Wandern war eine entscheidende Säule der entstehenden Tourismusbranche. In der Weimarer Republik zum Beispiel warb die Reichsbahn mit neu eingeführten Sonntagsrückfahrkarten erstmals um die Gunst der Wanderer.

Im Nationalsozialismus wurden Wander- und Naturvereine wie alle anderen Bereiche des öffentlichen Lebens gleichgeschaltet und rückten ins Zentrum der nationalsozialistischen Ideologie. Jungvolk und Hitlerjugend knüpften mit Wanderungen und Lagerfeuerromantik an die Tradition der Jugendbewegung an – nebenbei dienten die Wanderungen natürlich auch der körperlichen Ertüchtigung zu militärischen Zwecken.

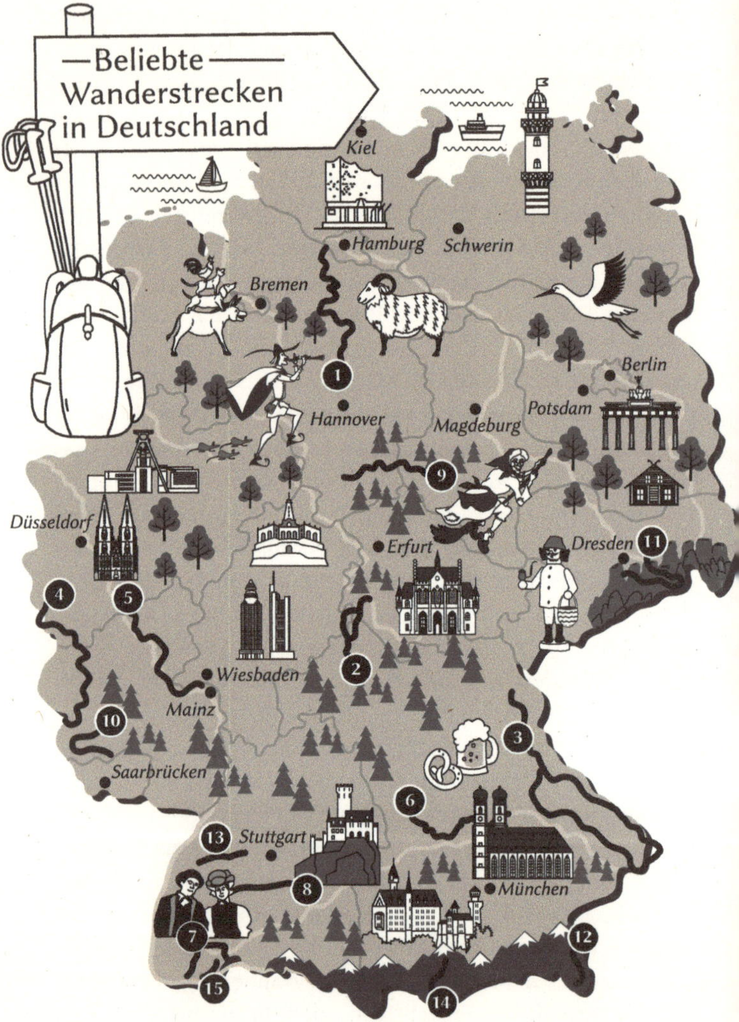

Beliebte Wanderstrecken in Deutschland
Kiel
Hamburg
Schwerin
Bremen
Berlin
Potsdam
Hannover
Magdeburg
Düsseldorf
Erfurt
Dresden
Wiesbaden
Mainz
Saarbrücken
Stuttgart
München
1
2
3
4
5
6
7
8
9
10
11
12
13
14
15

1 **Heidschnuckenweg**
(Niedersachsen) ▸ 223 km lang

2 **Hochrhöner**
(Bayern, Hessen, Thüringen) ▸ 175 km lang

3 **Goldsteig**
(Oberpfälzer und Bayerischer Wald) ▸ 660 km lang

4 **Eifelsteig**
(Nordrhein-Westfalen, Rheinland-Pfalz) ▸ 313 km lang

5 **Rheinsteig**
(Hessen, Rheinland-Pfalz, Nordrhein-Westfalen) ▸ 320 km lang

6 **Panoramaweg im Altmühltal**
(Bayern) ▸ 215 km lang

7 **Schwarzwälder Schluchtensteig**
(Baden-Württemberg) ▸ 119 km lang

8 **Albsteig Schwäbische Alb**
(Baden-Württemberg) ▸ 350 km lang

9 **Harzer-Hexen-Stieg**
(Niedersachsen, Sachsen-Anhalt) ▸ 150 km lang

10 **Saarschleife**
(Saarland) ▸ 16 km lang

11 **Elbsandsteingebirge**
(Sachsen) ▸ verschiedene Wege, insges. 1200 km lang

12 **Wimbachklamm in Berchtesgaden**
(Bayern) ▸ 200 m lang

13 **Monbachtal bei Bad Liebenzell**
(Schwarzwald) ▸ Touren von 6–20 km Länge

14 **Partnachklamm bei Garmisch-Partenkirchen**
(Bayern) ▸ 800 m lang

15 **Ravennaschlucht bei Hinterzarten**
(Baden-Württemberg) ▸ 4 km lang

Die Freizeitorganisation ›Kraft durch Freude‹ hatte über das ›Amt für Reisen, Wandern und Urlaub‹ preiswerte Wanderurlaube im Programm – die Gemeinschaftserlebnisse hatten natürlich die Stärkung der sogenannten Volksgemeinschaft zum Ziel.

Nach Kriegsende war das Wandern erst einmal lange nur ein Hobby für Naturnostalgiker. In den Wirtschaftswunderjahren und seit der flächendeckenden Verbreitung des Autos waren die Menschen zunächst nicht mehr gerne zu Fuß unterwegs. Strandurlaube am Mittelmeer lockten sie mehr als die einsamen Wälder oder Berglandschaften. Die Deutschen fuhren fortan an die Adria zum Entspannen, Bewegung war nicht unbedingt der primäre Zweck einer Urlaubsreise. In den 1990er Jahren wurden Flugreisen erschwinglich und dadurch ganz andere Destinationen weltweit erreichbar.

Erst in den 2000er Jahren wurde das Wandern wieder populär und für die Touristikbranche als Geschäftszweig wieder attraktiv. Anlass dafür war einerseits das steigende Gesundheitsbewusstsein der Menschen und damit einhergehend das Bedürfnis nach mehr Bewegung in der Freizeit als Ausgleich zu den immer mehr verbreiteten Schreibtischjobs. Andererseits wandelte sich das Umweltbewusstsein. Parallel zur Hochphase der Billigflüge, in der es plötzlich für fast jeden möglich war, für 19 Euro übers Wochenende nach Paris oder London zu fliegen, entstand Wandern als Gegenbewegung zum Fast Travelling.

Damit hat das Wandern ein modernes Image verpasst bekommen, von ›Outdoorsport‹ ist seitdem die Rede. Die emotionaleren Werbekampagnen verheißen Freiheit, Abenteuer und Spaß. Man spricht nun gerne von Trekking und Hiking, das verleiht dem Ganzen einen Hauch von Internationalität und Hipness. Jägerhut und Kniebundhose wurden eingemottet, der moderne Hiker ist mit atmungsaktiver Funktionskleidung unterwegs (die im Übrigen durchaus sinnvoll ist, aber dazu später mehr).

Das Bundesministerium für Wirtschaft und Technologie berichtet in seinem Forschungsbericht »Grundlagenuntersuchung Freizeit- und Urlaubsmarkt Wandern« von dieser Entwicklung – und legt übrigens auch fest, wie sich das für eine deutsche Behörde gehört, wann genau überhaupt von einer Wanderung zu sprechen ist. Diese bedürfe nämlich einer entsprechenden Planung, Ausrüstung und Verpflegung, sei durch einen »zügigen Schritt« definiert und habe eine durchschnittliche Dauer von zwei Stunden und 29 Minuten.

Die Coronapandemie hat das Wanderverhalten und den Tourismus jedenfalls nachhaltig verändert. Manche Kommunen wurden in diesen langen Lockdownmonaten sogar regelrecht von Besuchern überflutet. Verantwortliche in einigen Kommunen in Baden-Württemberg sprechen laut *Stuttgarter Zeitung / Stuttgarter Nachrichten* sogar von einem »Besucher-Tsunami«. Auch der Deutsche Wanderverband hat Städte und Tourismusverbände befragt: 92 Prozent der Befragten gaben an, der Andrang habe zugenommen. Beim Schwäbischen Albverein wurden im Jahr 2020 81 Prozent mehr Wanderkarten verkauft als noch im Jahr zuvor.

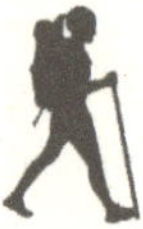

Der Mensch liebt die Natur – die Natur aber nicht immer den Menschen

Unserer Gesundheit tut das Wandern gut, der Natur nicht immer. Nicht alle, die das Wandern zu ihrem neuen Hobby auserkoren haben, wollen nämlich nur zu Fuß in der Natur unterwegs sein. Diese Freizeitwanderer erkennt man in den Bergen übrigens recht gut an ihren Flipflops oder Designerhandtaschen und daran, dass sie sich an der Gondel gleich ein Ticket für die Berg- und Talfahrt kaufen. Ihre Fotos findet man häufig auf Instagram. Sie fahren gerne einmal den Berg hoch, laufen ein paar Meter in ihren Straßenschuhen bis zum Gipfelkreuz, machen dort ein paar Selfies und kehren dann direkt in der Hütte ein.

Viele vergessen dabei, dass sie zwar Erholung in der Natur suchen, dass aber auch deren Schutz wichtig ist. Vor allem an den beliebtesten Zielen in Deutschland wie zum Beispiel am Walchensee in Oberbayern oder im Berchtesgadener Land klagen die Anwohner seit Jahren über massive Überfüllung ebenso wie über extrem vermüllte Landschaften. Die Wandertouristen, die die Natur zwar suchen, aber nicht schätzen, sind für beliebte Regionen längst eine immense Belastung geworden. Viele gehen abseits der vorgeschriebenen Routen und zerstören dadurch sensible Ökosysteme oder werfen ihre Hin-

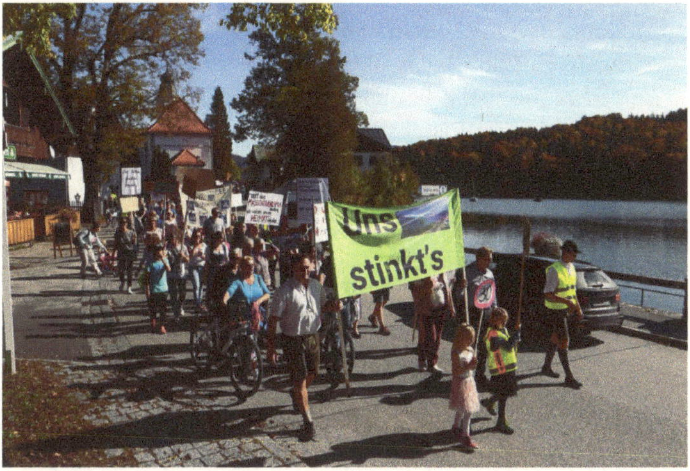

In Walchensee wird gegen den mit viel Verkehrslärm und Müll verbundenen Touristenansturm demonstriert.

terlassenschaften einfach weg. Rund 20 000 Tagestouristen pendeln an einem einzigen schönen Sommertag an den Walchensee – die meisten kommen mit dem Auto.

Auch der Deutsche Wanderverband kritisiert die negativen Auswirkungen des Booms. Durch die vielen Menschen auf den Wanderwegen und das Vermüllen werde nicht nur die Landschaft zerstört, auch die Tiere zögen sich durch den starken Betrieb immer mehr aus ihrem natürlichen Lebensraum zurück.

Wandernde Frösche, brütende Vögel sowie Mäuse und Maulwürfe, die ihre Gänge buddeln: Wer in der Natur unterwegs ist, der durchquert zwangsläufig das Zuhause etlicher kleiner Tiere. Auch Dachse, Rehe, Füchse oder Murmeltiere sind in unseren Wäldern und Bergen zu Hause und brauchen besonderen Schutz. Vor allem Bergwälder und Hänge beheimaten zahlreiche Wildtierarten. Obwohl dies ein optimaler Lebensraum für sie ist, haben sie in den Wintermonaten große Probleme, genug zu fressen zu finden. Das Nahrungsangebot ist für die Wildtiere geringer, die kürzeren Tage erschweren ihnen die Futtersuche, und die Fortbewegung in Schnee und Kälte ist mühsamer. Die Tiere müssen im Winter besonders viel Energie sparen, um überleben zu können.

Alles, was ihnen zusätzlich Stress bereitet, gefährdet also ihr Leben. Der Deutsche Alpenverein warnt deshalb davor, im Winter die Tiere zu stören, etwa durch unnötigen Lärm, Eindringen in ihren Lebensraum ebenso wie durch das Laufenlassen von Hunden oder das Skifahren. Gleiches gilt für Brunft-, Balz- und Brutzeiten, aber auch die Dämmerung und Dunkelheit. Generell sind die Rückzugsräume der Tiere zu respektieren, weshalb Wanderwege und Skipisten offiziell ausgeschildert sind.

Wandern und Umweltschutz schließen einander nicht aus, wenn man einige Dinge bei der Tour durch Wälder und Berge beachtet. So sollten sich Wanderer nicht abseits der vorgeschriebenen Routen aufhalten oder querfeldein unterwegs sein, sondern sich achtsam und bewusst in der Natur bewegen. Nicht umsonst heißt es auf zahlreichen Hinweisschildern »Abschneider zerstören die Natur«.

Mitgebrachter Müll sollte immer wieder mit nach Hause genommen werden. Das gilt im Übrigen auch für vermeintlich natürliche Abfälle wie Bananen- oder Orangenschalen. Denn die exotischen Früchte verrotten in unserer heimischen Natur nur sehr langsam, und die Schalen sind für Wildtiere kein geeignetes Futter, wie auch der Naturschutzbund (NABU) betont.

Aktiver Naturschutz beim Wandern: Pliking

Schon vor einigen Jahren ist ein neuer Sporttrend von Schweden nach Deutschland herübergeschwappt: Plogging. Der Begriff leitet sich aus dem schwedischen Wort *plocka* (›sammeln, suchen, aufheben‹) und dem Wort Jogging ab. Läufer ziehen dabei mit Gummihandschuhen und einer Mülltüte los. Auf ihrer Joggingstrecke sammeln sie herumliegenden Müll ein. Am Ende entsorgen sie ihn ordnungsgemäß. Der Trend hat sich inzwischen weltweit ausgebreitet, viele machen gemeinschaftliche Aktionen in Stadtparks oder Wäldern, um diese von Müll zu säubern.

Inzwischen haben Naturschützer das Konzept auch auf das Wandern übertragen. Das nennt sich dann Pliking – in Anlehnung an die ursprüngliche Idee Plogging. Die Wortbildung geht auf die Verbindung von dem erwähnten *plocka* und dem englischen Begriff *hiking* zurück.

Im Übrigen stellt das Wegwerfen von Obstresten oder Taschentüchern eine Ordnungswidrigkeit dar (auch wenn man auf einsamen Berg- oder Waldpfaden vielleicht nicht dabei erwischt wird, die Natur merkt es trotzdem). Laut einer im August 2020 veröffentlichten repräsentativen Studie des Instituts für Abfall, Abwasser und Infrastruktur-Management im Auftrag des Verbandes kommunaler Unternehmen (VKU) Baden-Württemberg fallen pro Einwohner und Jahr in Deutschland rund 140 Liter Straßenmüll an. Darin ist der Abfall aus öffentlichen Mülltonnen eingerechnet – ebenso wie der, den einige achtlos auf Wege und ins Gebüsch werfen.

Der Dreck-Weg-Tag

Wie viele Menschen etwas gegen das Vermüllen des Waldes tun möchten, hat der erste Dreck-weg-Tag im Biosphärenreservat Pfälzerwald im November 2020 gezeigt. Michael Leschnig vom Haus der Nachhaltigkeit hat zusammen mit anderen Organisationen und engagierten Landschaftsfotografen diesen Aktionstag ins Leben gerufen – und war überwältigt von der Resonanz: »Allein über Facebook haben sich mehr als 800 Menschen für die Aktion angemeldet. Hinzu kamen zahlreiche Helferinnen und Helfer, die von der Aktion gehört und mitgemacht haben.« Da wegen Corona keine zentralen Sammelstellen eingerichtet werden konnten, wurden die Teilnehmenden gebeten, die gesammelten Abfälle zu Hause ordnungsgemäß zu entsorgen.

Naturschutz spielt angesichts des Klimawandels und des Artensterbens politisch eine immer größere Rolle. Die Bundes- und die Landesregierungen ergreifen deshalb immer umfassendere Maßnahmen, um den natürlichen Lebensraum zu schützen, angefangen von Programmen zur Renaturierung und Vogelschutzgebieten bis hin zur natürlichen Waldentwicklung und der Ausweisung von zahlreichen Naturschutzgebieten. Wandern in Naturschutzgebieten ist prinzipiell erlaubt, allerdings gelten dort besondere Regeln, die bei Verstößen empfindlich geahndet werden. So ist es dort untersagt, Feuer zu machen, wildlebende Tiere zu fangen oder gar zu töten. Auch dürfen Wanderer dort keine Pflanzen ausreißen oder ausgraben. Hunde müssen an die Leine, und Autos oder sonstige motorisierte Gefährte sind dort verboten.

Grundsätzlich ist jegliches Verhalten, das die Natur oder die dort lebenden Tiere beeinträchtigt, verboten. Tatsächlich kann ein Regelverstoß je nach Bundesland und dem angerichteten Schaden bis zu 50 000 Euro kosten.

Viele Auswirkungen der Klimakrise machen sich zudem bereits jetzt weltweit bemerkbar. Gefährdet sind derzeit vor allem Küstengebiete, die durch den Anstieg des Meeresspiegels nach dem Schmelzen von Gletschern wie in Grönland oder der Antarktis überschwemmt werden könnten, verstärkt durch heftige Unwetter und Stürme. Doch auch die Alpen sind vom Klimawandel bedroht.

Werden wir in Zukunft noch in den Bergen wandern können? Vor allem, werden wir noch dieselben traumhaften Landschaften und besondere Tierarten vorfinden? Andreas Dick und Georg Hohenester warnen in *101 Dinge, die ein Wanderer wissen muss*: »Bergsteiger, die das Eis lieben, sollten sich beeilen – ihr Biotop dünnt aus.« Klimaforscher prognostizieren den Gletschern dort jedenfalls bisher eine düstere Zukunft – wenn wir nichts tun, um den Klimawandel aufzuhalten.

Naturverträglicher Bergsport – Acht Tipps

1. Wege nicht verlassen

In den Alpen und den Mittelgebirgen gibt es ein dichtes Netz an Forst- und Wanderwegen. Wer sie verlässt und querfeldein läuft, stört nicht nur Tiere, die dort leben, sondern trägt auch dazu bei, dass sich neue Pfade bilden. Beim nächsten Regenschauer oder bei der Schneeschmelze im Frühjahr erodiert der Boden, und es können großflächige Schäden entstehen. Wer den Wegen folgt, verliert auch nicht so schnell die Orientierung. Denn das Wegenetz in den Alpen ist gut beschildert. Deshalb: Besser auf den Wegen bleiben.

2. Müll wieder mitnehmen

In den Bergen gibt es keine Müllabfuhr. Deshalb sind an den Wegen auch keine Abfalleimer. Doch was macht man mit dem Brotzeitpapier oder der Bananenschale? Genau, man nimmt sie im Rucksack einfach wieder mit ins Tal und entsorgt sie dort. Auch die Bananenschale? Ja, denn in der Höhe werden auch biologische Abfälle wesentlich langsamer kompostiert. Deshalb: Kein Müllberg auf dem Berg. Praxistipp: Auf vielen Alpenvereinshütten gibt es Abfalltütenspender.

3. Öffentliche Toiletten nutzen

Immer mehr Kommunen stellen an zentralen Ausgangspunkten (Parkplätze, Informationszentren, etc.) für Berg- und Naturerlebnisse öffentliche Toiletten zur Verfügung. Diese sollte man auf jeden Fall nutzen. Gerade bei erhöhtem Menschenaufkommen werden die Hinterlassenschaften in der Natur zu viel. Nicht nur weil niemand stinkende Tretminen am Schuh haben will, sondern weil diese auch das Ökosystem erheblich schädigen können. Der unerwünschte Nährstoffeintrag kann zur Veränderung von Pflanzengesellschaften führen, Tiere schädigen, aber auch das Grundwasser negativ beeinträchtigen. Natürlich ist das Bedürfnis grundsätzlich menschlich, aber man sollte auch hierbei keine Spuren hinterlassen. Im Ausnahmefall vergrabe deine Fäkalien an geeigneter Stelle oder nutze die Ausstattung von Hundetoiletten.

4. Pflanzen schonen

Schwer zu glauben: Fragile Pflanzen wie die Alpenrose, der Enzian oder natürlich das Edelweiß trotzen dem ruppigen Bergwetter mit seinen kräftigen Winden, der starken Sonneneinstrahlung und eisigen Kälte samt meterhohem Schnee im Winter. Doch so schön und beeindruckend sie sind, so gefährdet sind sie auch. Deshalb ist es streng verboten, seltene Pflanzen zu pflücken, um sie daheim in die Vase zu stellen. Was natürlich geht, ist, die Blumen zu fotografieren. Deshalb: Bergpflanzen auf Instagram: ok! Bergblumen in der Vase: nicht ok!

5. Rücksicht untereinander

Je höher man kommt, desto schmaler werden die Wege. Wenn dann auch noch Gegenverkehr herrscht, kann es schnell eng werden. Umso wichtiger ist es, sich abzusprechen. Als Faustregel gilt: Wer absteigt, hält an. Für Mountainbiker gilt, dass Wanderer prinzipiell Vorrang haben.

Aber abseits aller Regeln: Miteinander sprechen ist noch immer die beste Lösung, um Konflikte zu vermeiden. Deshalb: Rücksichtsvoll miteinander umgehen und nicht um jeden Preis auf sein Recht beharren.

6. Vorsicht auf Almweiden

Kühe sind lila und können sprechen? Wer regelmäßig in den Alpen unterwegs ist, wird früher oder später eine Almweide überqueren und auf Kühe stoßen. Normalerweise sind die Tiere sehr friedfertig, mit ein wenig Abstand kann man beruhigt an ihnen vorbeigehen. Wer allerdings mit einem Hund unterwegs ist, muss ein paar zusätzliche Regeln beachten[...]. Denn manchmal reagieren Kühe mit Jungtieren aggressiv auf Hunde. Wichtig ist auch, Almgatter wieder zu schließen, damit die Tiere nicht aus ihrem Gehege ausbüxen und im schlimmsten Fall abstürzen. Deshalb: Hunde anleinen, Abstand halten und Almgatter zumachen.

7. Mit Köpfchen anreisen

Wenn der Bergtag mit einem Verkehrschaos auf der Straße und am Wanderparkplatz beginnt, macht die Tour gleich weniger Spaß. Deshalb wenn möglich mit den Öffentlichen anreisen. Das geht nicht? Klar! Immer mehr Regionen bieten Bergsteigerbusse an, die vom Bahnhof in beliebte und lohnende Gegenden fahren. So tut man nicht nur der Umwelt einen Gefallen, sondern erspart sich auch die Parkplatzsuche. Wenn es doch das Auto sein muss, bitte nur auf Parkplätzen halten und nicht wild parken. Deshalb: Die Anreise bei der Tourenplanung mitberücksichtigen.

8. Mehrtagestouren sorgfältig planen

Wer mehrere Tage in den Bergen verbringen will, braucht eine Unterkunft. In den Alpen gibt es ein dichtes Netz an Alpenvereinshütten, in denen man günstig übernachten kann. Aber: Reservieren nicht vergessen. Kann ich mir das nicht auch sparen und einfach mein Zelt aufbauen? Nein! Zelten ist in den bayerischen Alpen grundsätzlich verboten. In Österreich und der Schweiz unterscheiden sich die Gesetze von Region zu Region. In den Mittelgebirgen gibt es hingegen zahlreiche Trekkingplätze. Dort ist das Übernachten erlaubt.

(Quelle: DAV)

Wandern in anderen Kulturen

Wandern ist nicht nur ein deutsches Hobby. Vor allem in den Alpenregionen gründeten sich schon früh Wander- und Bergvereine wie zum Beispiel in Österreich – bis heute beliebt bei Wander- und Bergtouristen. Der größte Bergsteigerverein Österreichs entstand 1862 in Wien, der Österreichische Alpenverein. Heute gehören rund 545 000 Mitglieder dem ÖAV an, der rund 240 Hütten betreibt und 26 000 Kilometer Berg- und Wanderwege pflegt. Kurz darauf, am 23. Oktober 1863, gründete sich auch der Club Alpino Italiano (CAI) mit Sitz in Mailand.

Der erste Bergsteigerverein entstand allerdings nicht in einem Land mit Alpennähe, sondern in Großbritannien. Der älteste Bergsteigerverein der Welt wurde nämlich am 22. Dezember 1857 in London gegründet, der Alpine Club. Er war ein Gentlemen's Club mit dem Fokus auf Expeditionsbergsteigen und anfangs natürlich Männern vorbehalten. 1907 folgte dann die Gründung des Ladies' Alpine Club. Erst 1974 ließ der Alpine Club Frauen als Mitglieder zu und fusionierte mit dem Frauenclub. In den folgenden Jahren gründeten sich auch in anderen Ländern die ersten Alpenvereine, wie etwa in Deutschland, in der Region Südtirol, in der Schweiz und in Frankreich.

Tatsächlich gehört Großbritannien heute noch neben Deutschland zu den großen Wandernationen der Welt. Die Fernwanderwege allein in England und Wales, die *National Trails*, erstrecken sich über 16 Routen mit zusammen 4000 Kilometern (2018). Sie bieten oft – in Schottland oder auf dem *South West Coast Path* – grandiosere Anblicke als der deutsche Premiumwanderweg.

Gewandert wurde und wird, wie wir bereits gesehen haben, bei allen Völkern der Welt schon seit jeher, vor allem bei den nomadischen Völkern. Für viele Ethnien war das Wandern jedoch lediglich ein Mittel zum Zweck, etwa um fruchtbaren Ackergrund zu finden. Auch die Völkerwanderungen, eine frühe Form der Mobilität, hatten vornehmlich soziale und wirtschaftliche Hintergründe.

Im 18. Jahrhundert veränderte sich im Zuge der Aufklärung in Europa das Verhältnis der Menschen zur Natur. Im Ausstellungskatalog *Wanderland – eine Reise durch die Geschichte des Wanderns* des Germanischen Nationalmuseums heißt es: »Die Natur war nicht nur zu enträtselndes Objekt. Sie bot auch ein befreiendes Gegenbild, das die herrschende Gesellschaftsordnung und -etikette in Frage stellte.« Die Aufklärung habe die »Tendenz des Bürgers zum ›aufrechten Gang‹ und einer aktiven Aneignung der Welt forciert«. Im Zuge dieser Aneignung übten vor allem die Alpen eine große Anziehungskraft auf die Menschen aus. Die Erforschung dieser außergewöhnlichen Bergwelt trieben vor allem die Briten, die Schweizer und die Franzosen voran.

In der Frühzeit des Wanderns seien weite Gebiete Mitteleuropas noch unerschlossen gewesen, schreiben die Autoren Thomas Brehm, Frank Matthias Kammel und Claudia Selheim. Autoren der Empfindsamkeit und der Romantik erklärten die unberührte Natur und die Bergwelt zu Sehnsuchtsorten, die es zu ergründen galt, und »Wandern zur Verwirklichung des in die Natur projizierten Traums von der Zivilisationsferne, oft verbunden mit der Rückbesinnung auf eine hehre Vergangenheit, die in Landschaftsgemälden mit Ruinen einen sprechenden Ausdruck fand«.

Davor hatte man unter Wandern einfach ›zu Fuß reisen‹ oder ›gehen‹ an sich verstanden. Im *Deutschen Wörterbuch* der Gebrüder Grimm heißt es: »erst die neuere zeit kennt wandern als das frohe durchstreifen der natur, um körper und geist zu erfrischen. Nachdem durch die romantik und die turnerei die wanderfreude erweckt war, ist das wort in diesem sinne beliebt.«

Mitte des 19. Jahrhunderts wurde Wandern in vielen Teilen Europas zu einem beliebten Freizeitvergnügen. In der Schweiz entstanden damals zum Beispiel die ersten touristischen Zentren rund um den malerischen Vierwaldstättersee oder im Berner Oberland, die Wanderer von überall heranlocken sollten. An den Ufern der großen schweizerischen Seen kam die beeindruckende Berglandschaft der Alpen besonders gut zur Geltung.

In England wurde der Lake District im Nordwesten des Landes zu einem Sehnsuchtsort für frühe Wanderer. Der Dichter William Wordsworth (1770–1850) pries 1810 in seinem *Guide to the Lakes* die Schönheiten dieses Ortes und kurbelte damit den Tourismus an.

Inzwischen ist das Wandern in vielen Ländern ein beliebtes Hobby geworden. Der Geograf und Journalist Frank Gerbert erinnerte sich jedoch noch 2012:

> Deutsche Wanderer sollten sich immer im Klaren darüber sein, dass ihr Hobby anderswo als schrullig gilt. Ich erinnere

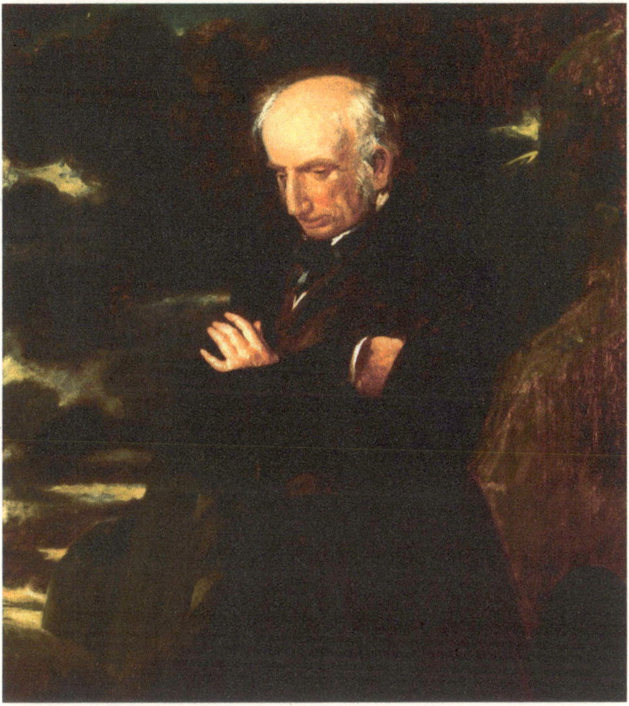

Der Dichter William Wordsworth auf dem Helvellyn, dem dritthöchsten Berg sowohl des Lake Districts als auch Englands, porträtiert von Benjamin Haydon.

mich an eine geografische Exkursion in meinen Studentenjahren. Nach einem mühsamen Marsch der Gruppe durch den Frühjahrs-Restschnee in der Hohen Tatra ließ sich unsere staatliche tschechoslowakische Reisebegleiterin zu dem Bonmot hinreißen: ›Die Deutschen wandern in den

Deutsches Wanderabzeichen

Der Deutsche Wanderverband verleiht es in Bronze, Silber oder Gold. Dabei sammeln Sie bei jeder Wanderung ganz nebenbei Kilometer. Es lohnt sich: gesundheitlich ebenso wie bei vielen Krankenkassen. Weil Wandern so gesund ist, belohnen über 60 gesetzliche Krankenversicherungen das Deutsche Wanderabzeichen mit Bonuspunkten.

Bergen, die Ungarn bleiben im Tal und die Slowaken gehen ins Restaurant.‹

Ist das Wandern also doch eher typisch deutsch? Tatsächlich ist dieser Gedanke einerseits ein Klischee, andererseits stammt er aus der nationalistischen Tradition der Weimarer Republik und des Nationalsozialismus. Die Ausstellung *Wanderland* im Germanischen Nationalmuseum kommt zu dem Schluss, der Gedanke enthalte durchaus einen »wahren Kern«. Allerdings dürfe nicht vergessen werden, dass die Entwicklung des Wanderns eher von Faktoren wie Industrialisierung, Städtewachstum und Freizeitgestaltung abhing und zudem das gemäßigte Klima in unseren Breiten ein ideales Wanderwetter biete.

Das deutsche Wort ›Wanderlust‹ wird inzwischen in anderen Sprachen verwendet. Im Englischen bedeutet es zum Beispiel mehr als nur, sich am Wochenende die Bergschuhe anzuziehen und loszustapfen. Die Engländer drücken damit auch das starke Verlangen aus, zu reisen und die Welt zu erkunden. Die Verbreitung von Wandervereinen und Clubs weltweit zeigt, dass auch andere Kulturen und Nationen das Wandern

Nationalparks

Laut International Union for Conservation of Nature (IUCN) sind Nationalparks Schutzgebiete der Kategorie II, die zur Sicherung großflächiger, natürlicher und naturnaher Gebiete und großräumiger ökologischer Prozesse eingerichtet werden. Die Natur Natur sein zu lassen ist der Zweck von Nationalparks. Das bedeutet, der Mensch sollte sich dort noch sensibler verhalten und die Natur weitgehend sich selbst überlassen. Der Naturschutz hat in Nationalparks oberste Priorität. In diesen Schutzgebieten soll sich die Natur ungestört und möglichst ursprünglich entfalten können. Meistens sind Nationalparks großflächige Gebiete mit einem besonders wertvollen Ökosystem, weshalb sie wirtschaftlich nicht genutzt werden dürfen. Stand Oktober 2020 beträgt die Fläche der Nationalparks in Deutschland 1 050 442 Hektar, darunter fallen der Nationalpark Berchtesgaden, der Bayerische Wald und das schleswig-holsteinische Wattenmeer. Weltweit gibt es 2200 Nationalparks, 1872 wurde der Yellowstone Park in Wyoming zum ersten Nationalpark ernannt.

als Individualsport längst praktizieren – vielleicht nicht ganz so passioniert wie im deutschsprachigen Raum.

Der deutsche Journalist, Autor und Fernwanderer Wolfgang Büscher (*Hartland – zu Fuß durch Amerika*) schreibt, wer durch die USA wandere, errege Mitleid oder mache sich verdächtig. Oft sei er unterwegs von Autofahrern mitleidig angesprochen worden, ob er mitfahren wolle. »Die unendlichen Weiten Nordamerikas« seien ein »Paradies für Limousinen«, schreibt auch der deutsche Wanderforscher Rainer Brämer in seinem Aufsatz »Hobby für Eliten? Wandern in der US-Statistik«. In dem »Hightechland« bewege man sich mit Vorliebe »virtuell«. Natürlich könne man in den Vereinigten Staaten auch wandern, fügt Brämer hinzu. »Aber dann muss es im wahrsten Sinne des Wortes schon wild hergehen – in den Nationalparks zum Beispiel, in den Rocky Mountains oder, durch Bill Bryson aller Welt bekannt, auf dem Appalachian Trail.«

Wandern habe in den USA, so Brämer, einen ganz anderen Stellenwert als in Europa oder vor allem in Deutschland. Während in Deutschland knapp die Hälfte der Bevölkerung in repräsentativen Umfragen angibt, gerne zu Fuß unterwegs zu sein in der Freizeit, sagt in den USA nur ein Achtel der Bevölkerung, sie unternähmen gerne längere Touren zu Fuß. »Wandern ist dort kein Volkssport, sondern ein ausgesprochenes Minderheitenhobby«, schreibt Brämer, allerdings ein Hobby der Besserverdienenden. Wandern sei in den USA fast so ein elitäres Hobby wie Golf.

Dass das Wandern hauptsächlich bei den Europäern mit ihrem ansonsten bewegungsarmen Lebensstil beliebt ist, liegt vor allem daran, dass gerade in ärmeren Ländern immer noch viele Alltagswege zu Fuß zurückgelegt werden müssen, etwa um Geschäfte zu erledigen oder überhaupt von einem Ort zum anderen zu kommen. Europa hat zudem ein gemäßigtes Klima, das Zufußgehen und Wandern überhaupt erst ermöglicht. In vielen südlichen, etwa den arabischen Ländern ist es schlicht zu heiß, um tagsüber viel zu Fuß unterwegs zu sein. In religiösen Ländern, zum Beispiel in der islamischen Welt, ist Wandern immerhin in der Form des Pilgerns verbreitet. Die Hadsch, die fünftägige Pilgerreise nach Mekka, ist für viele Muslime immer noch der religiöse Höhepunkt ihres Lebens, denn sie ist einer der fünf Grundpfeiler des Islam.

Wanderer auf Pilgerrouten unterscheiden sich oft von touristischen Wanderern. So zeigen Befragungen, dass der gewöhnliche Wanderer ein starkes Bedürfnis nach einem Naturerlebnis kombiniert mit Servicequalität hat. Die Pilger hingegen verzichten oft bewusst auf Komfort, sie suchen das einfache Leben – häufig sind sie alleine unterwegs oder finden Gleichgesinnte an den Pilgerstätten und bilden Gemeinschaften.

Wie verbreitet ist Wandern in anderen Kulturen?

Der Österreicher Christian Hlade (57) ist seit seiner Jugend passionierter Wanderer. Den Großteil der Welt hat er sich zu Fuß erschlossen, am liebsten ist er »abseits der Straßen unterwegs, um zu schauen, was hinter den Bergen ist«, wie er am Telefon erzählt. Hlade hat sein Hobby zum Beruf gemacht und betreibt heute den Wanderreiseveranstalter Weltweitwandern, der vor allem Begegnungen mit Menschen aus anderen Kulturen ermöglicht – sowie mit der Natur und mit sich selbst. Er erforsche die Welt durch Wandern, sagt er.

Ist Wandern etwas typisch Deutsches?
Es ist schon etwas, was die Deutschen sehr lieben. Wandern zu gehen als Freizeitbeschäftigung ist allgemein eher in den westlichen Industrieländern, aber auch weltweit in Industriestädten oder -zentren verbreitet. Gerade Menschen, die in Städten leben, zieht es in ihrer Freizeit vermehrt in die Natur als Ausgleich.

Wandern andere Nationen auch so gerne?
Unsere Weltweitwandern-Gäste kommen meist aus dem deutschsprachigen Raum, auch unterwegs trifft man in der Mehrzahl auf Deutschsprachige. Aber Wandern und Bergsteigen als Freizeitbeschäftigung ist in England entstanden. Im deutschsprachigen Raum hat es sich vor allem durch die großen Wander- und Bergvereine fest in der Kultur etabliert. Ob der Alpenverein, der Deutsche Wanderverband oder die Naturfreunde – Wandern ist dadurch in die Breite gegangen

und hat sich in allen gesellschaftlichen Schichten als Hobby und Naturerlebnis etabliert. Aber auch in den USA oder in Neuseeland gibt es eine gut entwickelte Wanderinfrastruktur, die sehr viele Wanderer aus aller Welt sowie Einheimische anzieht. In Neuseeland ist Wandern ja sogar ›Staatssache‹. Das sehr gute Hütten- und Wanderwegenetz wird von einem eigenen Amt – dem Department of Conservation (DOC) – extrem gut gewartet und betreut.

Unterwegs in der Welt treffe ich inzwischen viele Wanderer aus Tschechien oder Polen. Auch in diesen Ländern ist Wandern ein beliebtes Hobby. Wenn es irgendwo unterwegs rauer und härter wird, dann trifft man dort oft viele Tschechen. In Marokko wiederum sind aufgrund der geografischen Nähe viele französische Wanderer unterwegs. Niederländer treffe ich unterwegs ebenfalls viele, aber die Deutschen, Österreicher und Schweizer sind schon die mit den höchsten Zahlen.

Abseits der Industrieländer ist Wandern als Hobby aber noch nicht so verbreitet?

Im arabischen Raum gilt Wandern zum Beispiel als ›Arme-Leute-Sache‹. Wer dort einen Benz hat, der fährt natürlich. Dort wandern nur Menschen mit wenig Geld oder aus abgelegenen Regionen, wenn sie zum Beispiel auf dem Markt im Nachbardorf einkaufen gehen oder ihre Waren dort verkaufen. In sehr vielen Ländern und Kulturen ist Wandern aber noch heute etwas, was einfach zum täglichen Leben gehört. Im Himalaya habe ich viele Jahre lang in einem Dorf, fünf Tagesmärsche weg von der nächstgelegenen Straße, eine Schule aufgebaut. Da habe ich schon gesehen, wie viele

Menschen von dort im Sommer zur nächstgelegenen Kleinstadt oder auch nur ins Nachbardorf gewandert sind. Die wollten raus und etwas anderes sehen, eventuell dort auch Waren verkaufen und einkaufen, Wandern war dafür ihre einzige Methode. Das Bedürfnis, sich zu bewegen und auszutauschen, ist etwas sehr Menschliches.

Welches sind ihre favorisierten Wanderziele?
Es gibt ein paar Regionen wie Madeira, Marokko oder der Himalaya-Raum, die seit Jahren in meinem Herzen sind. Aber auch in Nordalbanien oder Montenegro lässt es sich ganz ausgezeichnet wandern. Dort in den Bergregionen gab es lange Zeit wenige Straßen. Die ansässigen Bergstämme waren deshalb immer schon viel zu Fuß unterwegs. Auch in Tadschikistan und Kirgistan sind noch viele nomadische Völker unterwegs, mit denen ich schon oft gewandert bin. Überhaupt bin ich durch meine beruflichen Reisen viel mit (halb-) nomadischen Völkern und deren Packtieren unterwegs. Gerade in wenig bereisten Regionen ist man ja häufig ein sehr willkommener Gast, der einen großen Neuigkeitswert besitzt. Das langsame Zu-Fuß-Unterwegssein miteinander ermöglicht ganz viel Interaktion. Wenn man mehrere Tage zusammen wandert, entsteht eine enge, oft nonverbale Beziehung. In vielen Ländern der Welt sind über das gemeinsame Wandern mit lokalen Menschen Freundschaften und ein Netzwerk entstanden. Von dem profitieren dann ja auch unsere Weltweitwandern-Gäste bei ihren Wanderungen durch sehr persönliche Wanderurlaube bei Freunden.

Natürlich ist das für Menschen aus abgelegenen Weltregionen oft etwas irritierend, weil sie uns als reichere Menschen erkennen; wir haben keine Schwielen an den Händen. Für sie ist das ein Zeichen, dass wir nicht richtig arbeiten müssen. Oft fragen sie uns deshalb, warum wir bei ihnen unterwegs sind oder warum insgesamt viele Westeuropäer zu ihnen in ihre ›arme Region‹ zum Wandern kommen. Wir sagen dann immer, dass wir kommen, weil bei ihnen die Natur und ihre Kultur so schön und großartig sind. So versuchen wir ihnen zu zeigen, dass ihre eigene Kultur und Heimat etwas Wunderschönes und Schätzenswertes sind. Zudem schaffen wir durch unsere Art von Wanderreisen Verdienstmöglichkeiten in oft strukturschwachen Gebieten, und das wirkt einer Abwanderung aus wirtschaftlichen Gründen entgegen.

Warum hat Wandern in den letzten Jahren noch einmal so einen Boom erlebt?
Wir haben ja alle durch die Coronapandemie erlebt, was es bedeutet, wenn man quasi daheim eingesperrt ist, weil alles andere, wie Geschäfte und Restaurants, geschlossen ist. Da war die Natur nicht nur ein super Ausgleich, sondern auch unser einziger – auch psychisch. Ich bin mehrmals in der Woche in den Wald, habe die Bäume und die Blätter beobachtet. Für uns als Reiseveranstalter war es eine schwierige Zeit, da war Spazieren im Wald ein guter Ausgleich, um Stress und schlechte Stimmungen abzubauen und davon wegzukommen. Wandern und Naturkontakt ist einfach die beste Medizin. Ein Spaziergang oder eine Wanderung machen den Kopf sofort frei. Und man braucht nicht viel dafür. Ein paar halbwegs gute Schuhe und eine Regenjacke und los geht's.

Wandern in der Literatur

Wandern, gehen, spazieren, flanieren – viele Dichter und Denker hatten Freude am Gehen und verbrachten viel Zeit in der Natur, auch um neue Ideen zu finden. Schon der Titel vieler Werke weist auf eine intensive Beschäftigung mit dem Thema hin, wie zum Beispiel bei Thomas Bernhard: *Gehen*; Karl Krolow: *Im Gehen*; Robert Walser: *Spaziergang*; Friedrich Nietzsche: *Der Wanderer und sein Schatten.*

Der *Spaziergang nach Syrakus*, zu dem Johann Gottfried Seume (1763–1810) 1801 in einer Lebenskrise aufbrach, gilt als der wohl berühmteste Spaziergang der deutschen Literaturgeschichte. Aber viele bekannte Schriftsteller von Jean-Jacques Rousseau (1712–1778, *Träumereien eines einsamen Spaziergängers*) über Søren Kierkegaard bis hin zu Johann Wolfgang Goethe (1749–1832) haben sich nicht nur in ihren Werken intensiv mit dem Spazierengehen beschäftigt, sondern sie waren auch leidenschaftlich gerne zu Fuß unterwegs und nutzten es als Inspiration.

Das Wandern ist ein bevorzugtes Motiv in der Literatur der Romantik. In dieser Epoche entdeckten die Autoren die Liebe zur Natur und das Wandern als Mittel, um mit der Natur eins zu werden und Selbsterkenntnis zu erlangen. In ihren literarischen Werken steht das Wandern, Spazieren oder Gehen häufig als Metapher für die Verarbeitung mentaler Probleme oder innerer Zerrissenheit sowie die Suche nach Sinn im Leben.

Auch in ihrer Literatur selbst tauchten dann häufig Wanderer als Protagonisten auf. Besonders der deutsche Dichter Joseph von Eichendorff (1788–1857) widmete sich in seinen Texten und Gedichten der Natur und dem Wandern. Berühmt ist sein Werk *Aus dem Leben eines Taugenichts*. Darin schickt ein Müller seinen Sohn hinaus in die Welt, weil er ihn für einen Taugenichts hält. Letzterer wandert zunächst ziellos durch die Gegend und macht sich dann auf in Richtung Italien. Wie in vielen Büchern der Romantik ist die Wanderung des Taugenichts nicht nur von äußeren Motiven angetrieben, sondern auch von inneren – er macht sich auf in die Welt, um sein Glück zu suchen, welches er in seiner Heimat nicht zu finden glaubt.

Johann Wolfgang Goethe, Friedrich Schiller (1759–1805), Joseph von Eichendorff und Georg Büchner (1813–1837) suchten ihr Glück und ihre Inspiration für ihr kreatives Schaffen alle in der Natur beim Wandern. Goethe beschreibt in »Wanderers Nachtlied« seine Empfindungen unter freiem Himmel: »Über allen Gipfeln ist Ruh'.« Friedrich Schiller wiederum sieht sich »endlich entflohn des Zimmers Gefängniß« in seinem Gedicht »Der Wanderer«. Er nähert sich darin dem Thema Fortwandern und Heimkehr – diese beiden Begriffe stehen metaphorisch für die Lebenswanderung eines jeden Menschen. In Wilhelm Müllers (1794–1827) Gedichtzyklus »Die schöne Müllerin« steht die Wanderung symbolisch für die ewige Reise. Beispiele für Wanderszenen in der Literatur gibt es also viele, ganz zu schweigen von Reiseberichten, die eigenes Erleben auf Wanderschaft schildern oder zum Roman verarbeitet wurden.

Berühmte Wandrerinnen und Spaziergänger

Ötzi (um 3300 v. Chr.), Hirte und Bergsteiger
Heinrich IV. (1050–1106), römisch-deutscher Kaiser
Francesco Petrarca (1304–1374), Dichter
Jean-Jacques Rousseau (1712–1778), Philosoph
Immanuel Kant (1724–1804), Philosoph
Johann Gottfried Seume (1763–1810), Schriftsteller
Henry David Thoreau (1817–1862), Schriftsteller
Sigmund Freud (1856–1939), Psychoanalytiker
Selma Lagerlöf (1858–1940), Schriftstellerin
Alexandra David-Néel (1868–1969), Reiseschriftstellerin
Robert Walser (1878–1956), Schriftsteller
Anne Morrow Lindbergh (1906–2001), Flugpionierin und Schriftstellerin
Karl Carstens (1914–1992), fünfter deutscher Bundespräsident (»Der Wanderpräsident«)

Das Naturerleben verbanden viele Lyriker, Dichter und Schriftsteller mit körperlicher und psychischer Stärkung. So schrieb Friedrich Hölderlin (1770–1843) seiner Mutter am 30. Juli 1794, dass seine Wanderungen eine heilsame, aufmunternde und befreiende Wirkung hätten. »Ich muß doch einmal wieder mich selbst und die Welt in vollkommener Unabhängigkeit genießen«, teilte er seinem Schwager Theodor Breunlin im selben Jahr mit, weil sich sonst bei »immerwährender sitzender Beschäftigung [...] Hypochondrie einnistet« und »nur so Körper und Geist gelüftet« werden könnten.

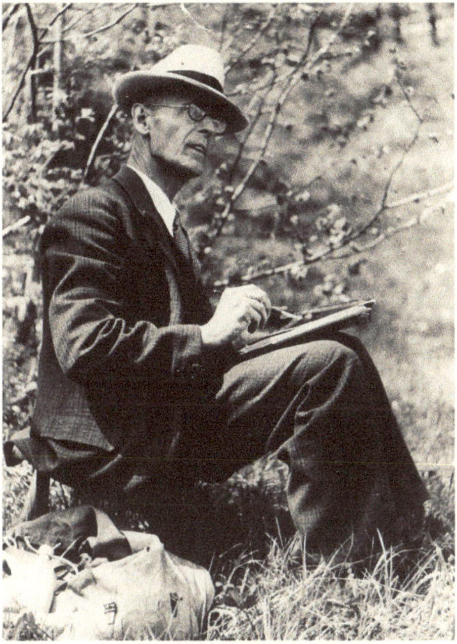

Hermann Hesse 1939
im Tessin.

Auch der bereits erwähnte amerikanische Philosoph Henry David Thoreau schreibt in seinem Essay *Vom Wandern* (*Walking*), er könne seine geistige und körperliche Gesundheit nur wahren, wenn er regelmäßig »täglich mindestens vier Stunden, meist sogar mehr, durch den Wald und über Hügel und Felder« wandere – »gänzlich frei von weltlichen Belangen«. Mit dem Beginn der Industrialisierung wurde das Wandern in der Natur bisweilen eine Flucht vor den lauter werdenden Städten und der sich rasant verändernden Gesellschaft. Die Zivilisation empfanden viele Literaten zunehmend als bedrückend.

Das Motiv des Wanderns hat sich im 20. Jahrhundert in der Literatur erhalten. Hermann Hesse etwa verbrachte stets viel Zeit im Freien und in der Natur, wohl auch, um seiner inneren Zerrissenheit und seiner oft empfundenen Melancholie zu entgehen. Er dichtete nicht nur viel über Natur und Wandern, sondern malte auch Landschaften. Vor allem in seinen Jahren im schweizerischen Tessin war er viel wandernd unterwegs, denn es zog ihn in die Berge.

> Wandersehnsucht reißt mir am Herzen, wenn ich Bäume höre, die abends im Wind rauschen. Hört man still und lange zu, so zeigt auch die Wandersehnsucht ihren Kern und Sinn. Sie ist nicht Davonlaufen wollen vor dem Leide, wie es schien. Sie ist Sehnsucht nach Heimat, nach Gedächtnis der Mutter, nach neuen Gleichnissen des Lebens. Sie führt nach Hause. Jeder Weg führt nach Hause,

schrieb Hesse in seinem Buch *Wanderung*. Aber das Wandern war auch ein Mittel, um sich mit innerer Leere auseinanderzusetzen, mit der Einsamkeit des menschlichen Daseins, wie es Hesse in seinem Gedicht »Im Nebel« ausdrückte: »Seltsam im Nebel zu wandern! Leben ist Einsamsein. Kein Mensch kennt den andern, jeder ist allein.«

In Frankreich galt vor der Romantik die wilde Natur als gefährlich, oft finden sich in der Literatur daher Figuren, die in der Natur umherirren oder dort sogar umkommen. Deshalb hatte es lange so etwas wie Wanderliteratur nicht gegeben. Das literarische und praktische Wandern ist wohl zuerst auf den Genfer Schriftsteller Jean-Jacques Rousseau zurückzuführen. Er gilt als ›Urvater‹ der literarischen Wanderbewegung in Europa. In seinem Werk behandelt er häufig die Verherrlichung der Natur, ebenso wie die Suche nach Einsamkeit darin. Im Jahr 1728 brach Rousseau seine Ausbildung ab und ging auf Wanderschaft.

In seiner Jugend wanderte er 492 Kilometer von Solothurn in der Schweiz nach Paris. Ihm ging es am besten, wenn er seine täglichen Verpflichtungen hinter sich lassen konnte und auf Wanderschaft war. Über die Natur schreibt der Philosoph: »Ich fand Geschmack an dieser Ergötzung des Auges, bei der der Geist des Unglücks ruht [...] und das Gefühl der Leiden hemmt.« Wandern war für ihn Flucht aus der Gesellschaft und Naturerleben zugleich; es half ihm, sein seelisches Gleichgewicht wiederzufinden. Rousseau wurde damit zum Prototyp des romantischen Wanderers, den es aus der häuslichen und gesellschaftlichen Enge nach draußen trieb.

Goethe fand das Tun und Werk Rousseaus inspirierend, er war vor allem von dessen Hinwendung zur Natur begeistert. Auch er begann mit dem Wandern und vernachlässigte dadurch sein Jurastudium in Straßburg. Seine Erlebnisse verarbeitete er in seinem Bericht *Italienische Reise* und später in *Wilhelm Meisters Lehrjahre*, einem prototypischen Bildungsroman. Darin setzte sich Goethe mit Aufbruch, Mühsal, Stillstand und Genuss auseinander, das Wandern steht für ein in Bewegung bleibendes Leben. Goethe war einer der Ersten, der die Idee des Wanderns mit Bildung verknüpfte, was als typisch für die deutsche Epoche der Romantik gilt. Durch seine Romane und Gedichte machte Goethe das Wandern quasi salonfähig.

William Wordsworth wiederum brachte das Wandern in die englische Literatur. Wordsworth ging Überlieferungen zufolge täglich 16 Kilometer zu Fuß. Er soll nicht nur tagsüber, sondern auch nachts gelaufen sein und gilt als Vater der englischen Wanderbewegung, heißt es in *Wanderland* und auch in

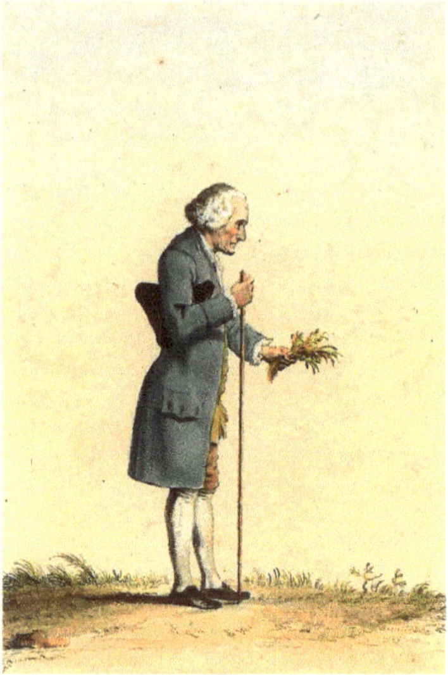

Jean-Jacques Rousseau im Jahr 1778 in Ermenonville.

Rebecca Solnits Buch *Wanderlust. Eine Geschichte des Gehens.* Allerdings hatte er oft das Gefühl, dass sich Wandern für einen Mann seines Standes nicht schicke. Zu Fuß zu gehen war im England des 18. Jahrhunderts ein Zeichen von Armut, was sich in seinen Gedichten »The Pedlar« oder »The Old Cumberland Beggar« widerspiegelt. Erst in der Auseinandersetzung mit Goethes Wanderliteratur gelang es ihm, die Stigmatisierung zu überwinden. Dies übertrug er auf sein literarisches Werk. Rousseau, Goethe und Wordsworth prägten damit entscheidend das Wandern in der Literatur in Europa in der Epoche der Romantik und inspirierten sich in dieser Leidenschaft und Naturliebe auch gegenseitig.

Wandern und Outdoor-Abenteuer im Film

1. Into the Wild (2007)

Die atemberaubende Landschaft Alaskas, ein großartiger Soundtrack und die wahre Geschichte eines jungen Mannes auf der Suche nach Authentizität und Freiheit sind die Zutaten, die *Into the Wild* zu einem der berühmtesten Outdoor-Filme überhaupt machen. Angelehnt an das gleichnamige Buch von Jon Krakauer kreiert Sean Penn das sensible und bildgewaltige Portrait eines jungen Mannes, der mit den Konventionen seines wohlhabenden Elternhauses bricht und seinen Traum vom Leben in der Natur bis zuletzt radikal verfolgt.

2. Pedal the World (2015)

Felix Starck bereiste 22 Länder per Fahrrad. Insgesamt radelte der junge Pfälzer über 20 000 Kilometer innerhalb eines Jahres. In dieser Doku berichtet er von seinen Begegnungen, den faszinierenden Orten und den neuen Kulturen, die er unterwegs kennen lernen durfte. Dabei gibt er wertvolle Einblicke in die Schönheit und Einfachheit des Lebens zu Fahrrad.

3. Meru (2015)

Meru erzählt die Geschichte der Erstbesteigung der Haifischflosse, eines über 6000 Meter hohen Himalaya-Gipfels. Die drei Kletterer Conrad Anker, Renan Ozturk und Jimmy Chin sind die Protagonisten der Doku. Wie es sich für einen Film über Extremsport gehört, stehen dabei die Themen Vertrauen, Risiko, Erfolg und Scheitern im Vordergrund.

4. Der große Trip – Wild (2014)

Als Cheryl Strayed ihre über tausend Kilometer lange Wanderung auf dem Pacific Crest Trail beginnt, ist sie frisch geschieden, traumatisiert vom plötzlichen Tod ihrer Mutter und spritzt Heroin. Ihre Ausrüstung hat sie nicht einmal getestet. Trotz dieser denkbar schlechten Bedingungen gibt sie nicht auf, kämpft sich durch Schneewehen und Wüstenabschnitte.

5. Karl Meltzer: Made to be Broken (2017)

Karl Meltzer ist einer der schnellsten Ultraläufer in den USA. *Made to be Broken* begleitet ihn bei seinem Versuch den Rekord für die Bestzeit auf dem Appalachian Trail zu brechen. Durchhaltevermögen, Schweiß und Schmerz sind Teil dieses ambitionierten Unterfangens, bei dem Meltzer versucht, über 3500 Kilometer in weniger als 47 Tagen zu laufen.

6. Picknick mit Bären (2015)

Picknick mit Bären (orig. *A Walk in the Woods*) ist eine unbeschwerte Komödie über zwei ungleiche, nicht mehr ganz junge Freunde (Robert Redford und Nick Nolte) auf dem Appalachian Trail nach der Romanvorlage von Bill Bryson. Der gleichnamige Protagonist setzt sich in den Kopf, den Fernweg zu laufen. Seine Frau will ihn unter keinen Umständen alleine gehen lassen.

7. Saint Jacques ... Pilgern auf Französisch (2005)

In dieser Komödie begeben sich drei verfeindete Geschwister, um an ihr Erbe zu kommen, widerwillig gemeinsam auf eine Pilgerreise auf dem Jakobsweg.

8. Ich bin dann mal weg (2015)

Basierend auf Hape Kerkelings Bestseller-Reisebericht *Ich bin dann mal weg* begibt sich in der gleichnamigen Buchverfilmung ein deutscher Entertainer auf dem Jakobsweg auf eine innere Sinnsuche.

Einfach loslaufen – aber wie?

Die einfachste Methode, mit dem Wandern anzufangen, ist: loszulaufen. Für den Anfang und für einfache, kurze Touren braucht es nicht viel außer ein paar guten Wanderschuhen (die Investition lohnt sich wirklich, und sie halten sehr lange!)

Kondition

Will man sich für größere Wandertouren fit machen, ist das beste Training ebenfalls: wandern. Schon wer mehrmals die Woche eine Stunde zügig zu Fuß geht, steigert seine Ausdauer. Als Anfänger sollte man nicht gleich mit 20 bis 30 Kilometern pro Tag starten – und als Erstes einen 3000er-Berg zu erklimmen ist auch nicht ratsam. Zu Beginn sind zwei bis drei Stunden Gehzeit pro Tag empfehlenswert, und das ist meistens anstrengend genug, wenn man noch nicht ausreichend trainiert ist.

An den Bergsport sollten sich Einsteiger über einfache Wanderungen herantasten. Die zeichnen sich dadurch aus, dass die Wege häufig breit und nicht zu steil sind. So können sich Anfänger an die Bewegung und die Gegebenheiten gewöhnen. Leichte Wanderwege sind blau markiert. Doch auch

Bergwege-Klassifikation

Wie bei der Skipisten-Einteilung werden für die Schwierigkeitsklassifizierung von Wegen die Farben Blau für einfach, Rot für mittelschwer und Schwarz für schwierig verwendet. Diese Farben sind als Punkt auf den gelben Wegweisern im Gebirge zu finden. Am unteren Rand des gelben Wegweisers steht immer der Name des Wegehalters, häufig einer DAV-Sektion. Die Zwischenmarkierungen auf Bäumen oder Felsen sind in der Regel rot-weiß-rot, unabhängig von der Schwierigkeit des Bergweges. Nässe, Regen oder Schnee können die Schwierigkeiten massiv erhöhen. Starkniederschläge oder Lawinen können auch befestigte Wege teilweise wegreißen; vor allem im Frühsommer und nach heftigen Regenfällen sollte man damit rechnen. Auskunft über die aktuellen Verhältnisse bekommt man von Hüttenwirten oder auch in Tourenplanungs-Apps wie alpenvereinaktiv.

- Talwege (nicht in der Klassifikation, T1): talnahe, breite, einfach zu begehende Wege ohne Absturzgefahr. Meist nicht vom Alpenverein gepflegt und beschildert.
- Einfache Bergwege (blau, T2) sind überwiegend schmal, können steil angelegt sein und weisen keine absturzgefährlichen Passagen auf.
- Mittelschwere Bergwege (rot, T3) sind überwiegend schmal, oft steil angelegt und können absturzgefährliche Passagen aufweisen. Es können zudem kurze versicherte Gehpassagen (z. B. Drahtseil) vorkommen.
- Schwere Bergwege (schwarz, T4 – T6) sind schmal, oft steil angelegt und absturzgefährlich. Es kommen gehäuft versicherte Gehpassagen und/oder einfache Kletterstellen vor, die den Gebrauch der Hände erfordern. Trittsicherheit und Schwindelfreiheit sind unbedingt erforderlich.

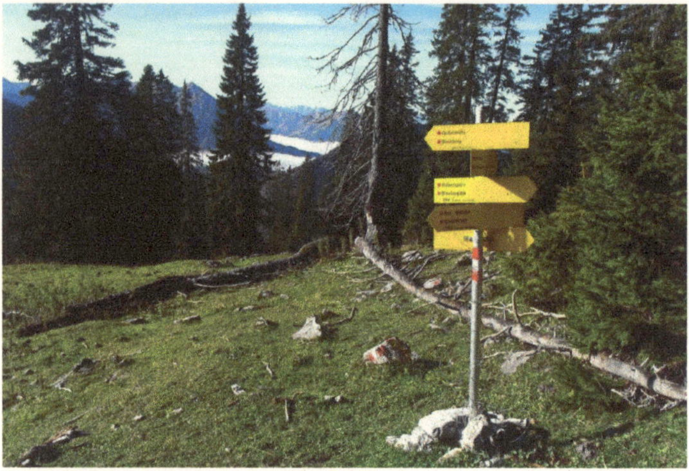

Wegweiser des Deutschen Alpenvereins.

bei diesen gibt es Unterschiede: Einige sind länger und somit konditionell fordernder als andere. Wer sich nicht sicher ist, wie viele Kilometer und Höhenmeter er schafft, sollte einen Wanderführer konsultieren. Grundsätzlich gilt: Man sollte langsam beginnen und nie alle Kraftreserven aufbrauchen. Denn auch der Abstieg kostet noch Energie.

Wer aber allgemein viel Sport treibt, vor allem Ausdauersport, der kann natürlich mit einer längeren Tour einsteigen – das hängt sehr von der eigenen Fitness ab. Wer sich gleich übernimmt, verliert vermutlich schnell wieder die Lust, weil die Erschöpfung am Ende der Strecke zu groß wird. Der Deutsche Alpenverein (DAV) definiert unterschiedliche Schwierigkeitsstufen, die auf allen öffentlichen Wanderwegen entsprechend markiert sind.

Je fitter man insgesamt ist, desto mehr Spaß macht eine Wanderung natürlich – wer schon nach einer Stunde außer Atem ist, hat sich vermutlich übernommen und sollte erst einmal seine Kondition trainieren. Übrigens kann es unterwegs immer passieren, dass man sich verläuft, der Weg länger als gedacht ist oder das Wetter umschlägt. Das sollte man bei jeder Wanderung im Hinblick auf die Zeitplanung und Krafteinteilung einkalkulieren.

Kleidung

Für Tages- oder Mehrtagestouren braucht man etwas mehr Vorbereitung. Das fängt bei der Kleidung an. Heute gibt es eine riesige Auswahl hochwertiger Outdoorkleidung für Wanderer und Bergsteiger. Die Funktionskleidung soll uns für jede Wetterlage ausstatten. Wenn wir zügig gehen, auch viel bergauf, kommen wir ins Schwitzen, weshalb es uns später während einer Pause frieren kann, sodass wir schnell unterkühlt sind. Daher empfiehlt es sich, bei längeren Touren auf atmungsaktive Shirts zu setzen. Zudem sollten wir eine wind- und wasserdichte Jacke dabeihaben.

Andererseits wollen wir natürlich nicht allzu viel mit uns herumschleppen. Daher empfehlen erfahrene Wanderer das Zwiebelprinzip mit verschiedenen Schichten, die wir je nach Witterung und Temperatur an- und ausziehen können. Damit sind wir recht flexibel unterwegs. Jede Schicht hat eine Funktion. Die Basisschicht (direkt auf der Haut) verwaltet Feuchtigkeit; die isolierende Schicht schützt vor Kälte; die Schalenschicht (äußere Schicht) schützt vor Wind und Regen.

Konkret heißt das: Die erste Schicht, also die Basis, besteht aus Funktionsunterwäsche, die den Schweiß von der Haut weg nach außen leitet, um den Körper möglichst trocken zu halten. Sie hilft dabei, sich im Sommer kühl zu halten, und im Winter oder bei kalten Temperaturen im Gebirge bewahrt sie vor einer Unterkühlung. Wer schon einmal einen Baumwollpullover unter einem Regenmantel anhatte, weiß: Man hat ein klammes Gefühl, selbst wenn man nicht vom Regen nassgeworden ist. Baumwolle ist ein Gewebe, das Feuchtigkeit speichert. Beliebt sind bei vielen Wanderern deshalb schnell trocknende kurz- oder langärmelige Kunstfasershirts und -pants oder Wollprodukte. Eine Basisschicht kann aber alles sein – von Slips und Sport-BHs über lange Unterwäsche bis hin zu Strumpfhosen und T-Shirts.

Die zweite isolierende Schicht hilft, Wärme zu behalten, indem sie Luft nahe am Körper einfängt. Naturfasern wie Wolle und Gänsedaunen sind gute Isolatoren. Pullover oder Hemden aus Merinowolle halten warm und sind auch im nassen Zustand isolierend. Außerdem eignen sich Softshelljacken und elastische Hosen. Manche setzen auf Zipphosen, weil man aus einer langen schnell eine kurze Hose machen kann, andere finden diese Hosen spießig. Viele Frauen tragen Leggings oder einen Wanderrock. Auch damit kann man sich recht schnell auf das Wetter einstellen. Insgesamt empfiehlt es sich aber, bei allen Teilen auf atmungsaktive Funktionskleidung zu setzen – der Kauf lohnt sich, wenn man regelmäßig wandern gehen will. Sie schützt vor Wind, Sonne, Gestrüpp und Insekten (wer nur gelegentlich einmal für einen Tag wandern geht, für den tut es selbstverständlich normale Sportkleidung).

Die dritte Schicht brauchen wir nur bei kühlem Wetter oder in höheren Gefilden, um den Wärmeverlust unseres Körpers zu verringern. Ideal sind Fleecejacken und -westen sowie

Wandertipps für Anfänger

Wandern ist gesund und eine willkommene Auszeit vom Alltag. Sie wollen es auch einmal ausprobieren? Dann stürzen Sie sich nicht gleich ins Gebirge, sondern fangen Sie auf einfachen Wegen an. Wählen Sie eine Strecke aus, die Ihrer Fitness entspricht. Dafür muss es nicht in die Ferne gehen. In Deutschland gibt es etwa 200 000 Kilometer Wanderwege – mit unterschiedlichen Schwierigkeitsgraden. Die Belastung ist genau richtig, wenn Sie sich beim Wandern noch gut unterhalten können. Schwitzen ist in Ordnung. Multifunktionshose, GPS-Uhr, Satellitentelefon – für den Profi-Wanderer sind das Must-Haves, als Anfänger braucht man (noch) nicht viel Ausrüstung. Gut passende Wanderschuhe (lassen Sie sich im Fachgeschäft beraten) und bequeme Kleidung reichen in der Regel aus.

(Quelle: Techniker Krankenkasse)

Thermojacken. Um für richtig schlechtes Wetter ausgerüstet zu sein, kann man noch eine vierte Schicht einplanen, etwa eine Jacke mit Kapuze und eine Regenhose, die vor Regen, Schnee und Hagel besser schützen. Im Hochgebirge sind auch ein Halstuch und Handschuhe von Vorteil. Bei Sonne und Hitze wiederum sollte man eine Mütze oder eine andere Kopfbedeckung dabeihaben.

Welche Dinge brauche ich zum Wandern?

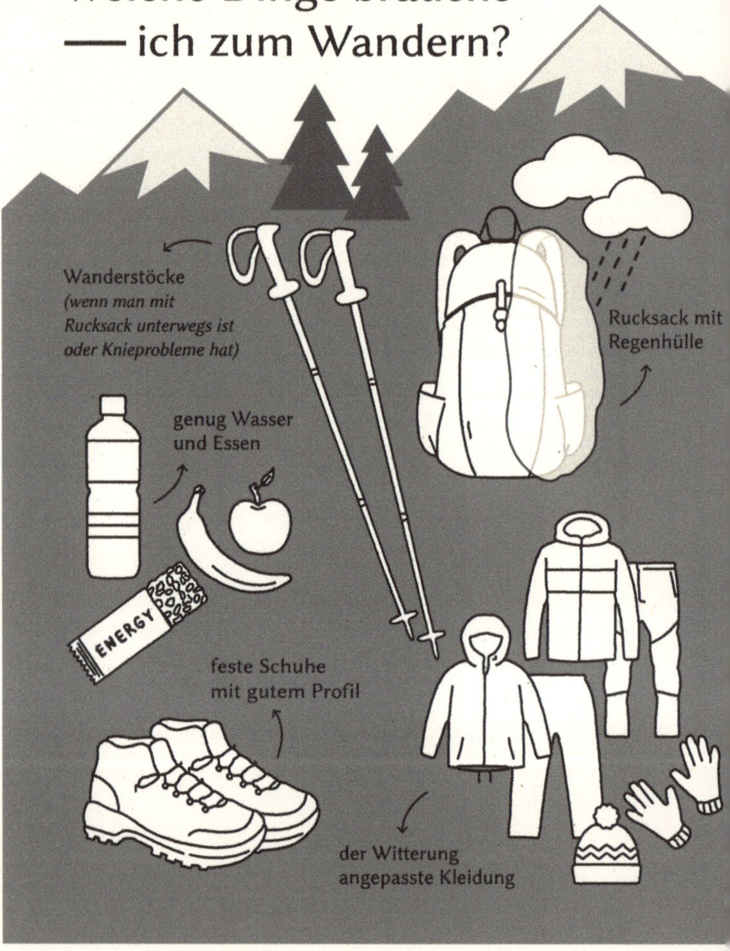

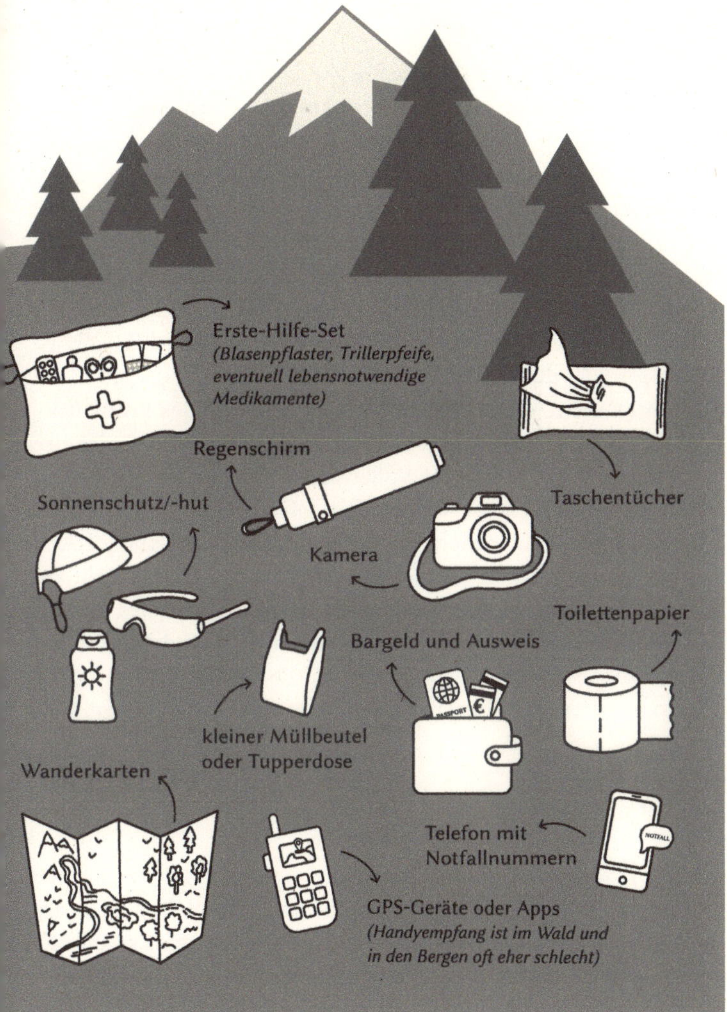

Erste-Hilfe-Set
(Blasenpflaster, Trillerpfeife, eventuell lebensnotwendige Medikamente)
Regenschirm
Sonnenschutz/-hut
Taschentücher
Kamera
Toilettenpapier
Bargeld und Ausweis
PASSPORT
€
kleiner Müllbeutel oder Tupperdose
Wanderkarten
Telefon mit Notfallnummern
NOTFALL
GPS-Geräte oder Apps
(Handyempfang ist im Wald und in den Bergen oft eher schlecht)

Brotzeit – oder wie esse ich richtig beim Wandern?

Wer eine Tagestour plant, sollte den richtigen Proviant dabeihaben. Immerhin verbraucht der Körper bei längerem Gehen viel Energie. Je nach Intensität und Dauer verbrauchen wir etwa 350 bis 550 Kilokalorien pro Stunde. Wer durchschnittlich trainiert ist, verliert durch Schwitzen und Atmen pro Stunde etwa 0,6 Liter Wasser. Wichtig ist deshalb vor allem, dass wir genügend zu trinken im Gepäck haben. Über den Tag verteilt brauchen wir etwa zwei bis drei Liter, um den Flüssigkeitsverlust auszugleichen. Am besten sind Wasser, ungesüßte Kräutertees oder dünne Saftschorle.

Man sollte nicht losziehen ohne ausreichendes Frühstück. Leicht verdauliche Kost ist von Vorteil, wie zum Beispiel ein Müsli mit Früchten oder Vollkornbrot mit fettarmem Belag. Für unterwegs eignet sich ebenfalls leichte Kost. Bananen sind als schneller Energielieferant optimal, zu viel Fett und Zucker sollten wir nicht zu uns nehmen, um die Verdauung nicht zu belasten. Auch abends sollte man nicht zu fettreich essen, wenn die Tour am nächsten Tag weitergeht; Nudeln mit Tomatensauce und etwas Käse liefern die notwendige Energie. Ein paniertes Schnitzel mit Pommes macht uns eher träge.

Gepäck

Wer länger unterwegs ist, braucht einiges an Ausrüstung. Allerdings sollte dabei bedacht werden, dass man die auch tragen muss – über mehrere Stunden hinweg. Der Rucksack sollte daher so klein und leicht wie möglich sein. Wichtig ist vor allem eine Notfallausrüstung. Auf allzu schwere Gegenstände sollte man besser verzichten, also lieber auf die Handykamera statt auf die schwere Spiegelreflexkamera setzen.

Für eine Tagestour benötigen wir tatsächlich nur ein Hemd oder Shirt zum Wechseln, Wärme- und Wetterschutz, Handschuhe oder Mütze, Sonnenschutz, Karten oder Apps sowie Essen und Trinken. Wenn wir mehrere Tage unterwegs sind, ist Wechselkleidung sinnvoll. Eine Zahnpasta, frische Socken und Unterwäsche sowie ein Hüttenschlafsack sollten genügen – mit dem Beauty Case im Rucksack schleppen wir nur unnötiges Gewicht mit.

Equipment bei Wandertouren mit Klettersteigen

Neben der üblichen Ausrüstung für Bergtouren gehören auf Klettersteigen folgende Ausrüstungsgegenstände unbedingt ins Gepäck:

- Klettergurt
- Klettersteigset
- Helm
- eine zusätzliche Bandschlinge
- ein zusätzlicher Karabiner
- Handschuhe
- Erste-Hilfe-Set

Tourenplanung

Im Voraus hilft eine solide Planung. Wie viele Kilometer schaffe ich? Wie sind die Bedingungen vor Ort? Wie viel Zeit muss ich einplanen? Wie wird das Wetter? In Infobroschüren bzw.

auf Webseiten der Alpenvereine oder in Wander-Apps steht oft genau, wie lange die Gehzeit ist, wie viele Höhenmeter eine Strecke hat und wie die Route aussieht. Auch die regionalen Tourismusorganisationen bieten oft eine gute Übersicht über Wanderrouten vor Ort und die Bedingungen – das ist vor allem im Ausland von Vorteil. Wer keine Karte mitnehmen möchte, ist mit GPS gut beraten, weil vor allem in Wäldern und im Gebirge oft der Handyempfang nicht optimal ist, teils gibt es überhaupt kein Netz. Webcams von Bergstationen zeigen auch die Witterungsbedingungen. Wenn Nebel und Regen angesagt sind, ist die Aussicht am Gipfel nicht gut.

Trittsicherheit

Bei vielen Wanderungen steht in den Reiseführern oder Tourenratgebern »Trittsicherheit erforderlich«. Was bedeutet das? Oft sind Wanderwege kleine Pfade, auf denen es über Stock und Stein geht, oder man trifft auf steiles, felsiges Gelände mit vielen Unebenheiten. Die größte Gefahr beim Wandern besteht also darin, schwer zu stürzen oder umzuknicken. Vor allem in den Bergen ist dies die häufigste Unfallursache. Auch deshalb sind eine gute Kondition und das richtige Schuhwerk in unwegsamem Gelände dringend notwendig. Je erschöpfter wir sind, desto unkonzentrierter sind wir und desto eher passieren uns Fehltritte oder wir rutschen aus. Auf Bergwanderrouten ohne Gondel oder Seilbahn sollte man sich daher selbst gut einschätzen können: Komme ich da, wo ich gerade hochlaufe, später auch wieder hinunter?

Trittsicherheit beschreibt die Fähigkeit, seine Tritte präzise in anspruchsvollem Terrain zu setzen, sich effizient und sicher fortzubewegen. Eine gute Koordination und Fitness sowie psychische Stabilität beeinflussen die Trittsicherheit positiv. Wer sich unsicher fühlt, kann auch Wanderstöcke benutzen. Sie bieten Halt, sorgen für eine ausgewogene Belastung von Armen und Beinen und entlasten zudem beim Abstieg oder Abwärtsgehen die Gelenke, vor allem die Knie.

Für die optimale Trittsicherheit sind die richtigen Schuhe notwendig. Ein idealer Wanderschuh sollte bequem und möglichst schon eingelaufen sein sowie eine griffige, rutschfeste Gummiprofilsohle haben. Für leichte Wanderungen in flachem Gebiet reichen Wanderhalbschuhe aus. Auf längeren Touren oder in bergigem Gelände sind klassische Wander- und Trekkingstiefel, die über den Knöchel reichen, die beste Wahl – gerade wenn man einen schweren Rucksack trägt.

Auf dem Weg

Wandern ist Glück, Freiheit und Entspannung – nirgends können wir so schnell abschalten und auf andere Gedanken kommen, wie wenn wir uns die Wanderschuhe zuschnüren und einfach losmarschieren. Viele trübe Gedanken sind nach einigen Stunden zu Fuß in der Natur verflogen. In der Natur kann jeder in stressigen Zeiten neue Kraft schöpfen. Man braucht auch keine Begleitung, denn gerade im alleine Unterwegssein finden wir oft zu uns selbst, entwickeln Kreativität und lernen uns selbst besser kennen.

Je öfter, je länger und je weiter wir wandernd unterwegs sind, desto besser lernen wir uns selbst kennen, unseren Körper und was wir uns zutrauen können. Wandern ist auch immer ein Kräftemessen mit dem eigenen Körper. Was schaffe ich? Was traue ich mir zu? So mancher Weg scheint nie zu enden, mancher Gipfel endlos weit weg zu sein – aber am Ende kommen wir doch immer ans Ziel.

Lektüretipps

Dick, Andreas / Hohenester, Georg: 101 Dinge, die ein Wanderer wissen muss. München 2019.

Geyer, Stefan (Hrsg.): Die Kunst des Gehens. Ein literarischer Wegbegleiter. Wiesbaden 2019.

Hlade, Christian: Wanderwissen kompakt. Wien 2021.

Das große Buch vom Wandern. Wien 2019.

Kerkeling, Hape: Ich bin dann mal weg. München 2006.

Kitzler, Albert: Vom Glück des Wanderns. Eine philosophische Wegbegleitung. München 2019.

Solnit, Rebecca: Wanderlust. Eine Geschichte des Gehens. Berlin 2019.

Thoreau, Henry David: Vom Wandern. Stuttgart 2017.

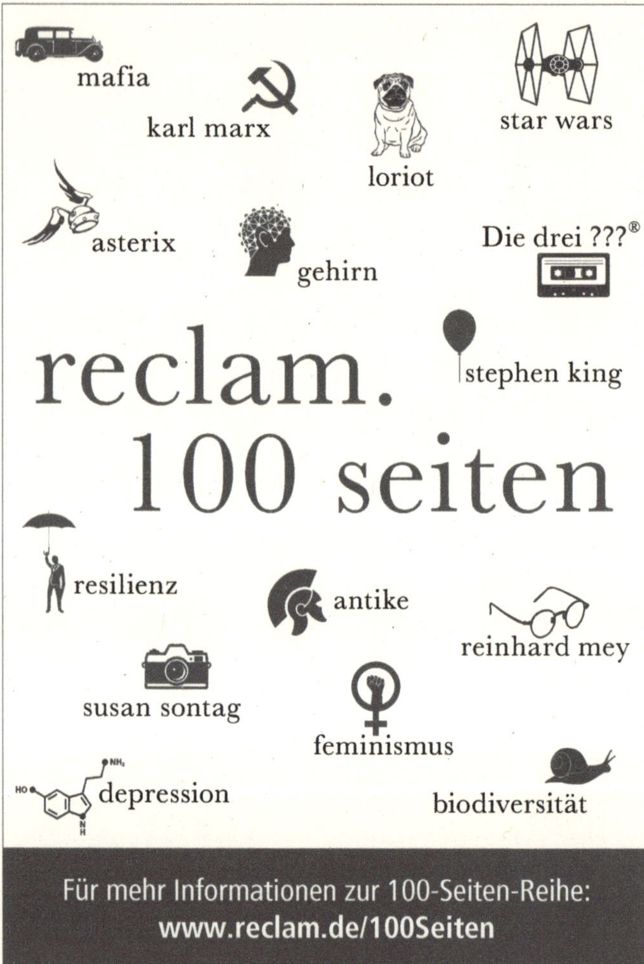
mafia
karl marx
loriot
star wars
asterix
gehirn
Die drei ???®
reclam.
100 seiten
stephen king
resilienz
antike
reinhard mey
susan sontag
feminismus
depression
biodiversität
Für mehr Informationen zur 100-Seiten-Reihe:
www.reclam.de/100Seiten